창의·코딩놀이 Lesson 1

발 행 일	2025년 05월 30일(초판 1쇄)
I S B N	978-89-5960-506-4(13000)
정 가	14,000원
집 필	렉스기획팀 진 행	이영수
본문디자인	디자인꿈틀
발 행 처	㈜렉스미디어 발 행 인	안광준
주 소	경기도 파주시 정문로 588번길 24
대표전화	(02)849-4423 팩 스	(02)849-4421
홈페이지	www.rexmedia.net

※ 이 책은 저작권법에 따라 보호를 받는 저작물이므로 무단 전재와 무단 복제를 금지하며, 이 책 내용의 전부 또는 일부를 이용하려면 반드시 ㈜렉스미디어의 서면동의를 받아야 합니다.

OT Orientation

창의코딩놀이 LESSON1 교재의 구성입니다.

창의 놀이

코딩 놀이

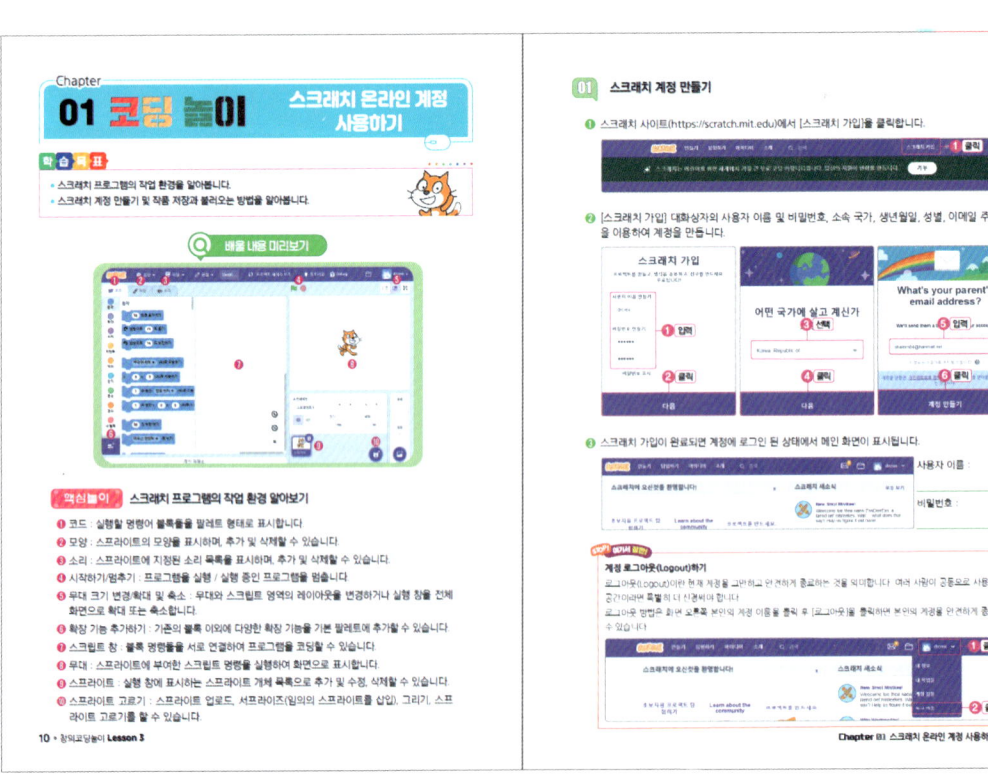

놀이 학습이 끝나면 미션 문제로 마무리... 종합 활동은 혼자서도 충분해요~^^

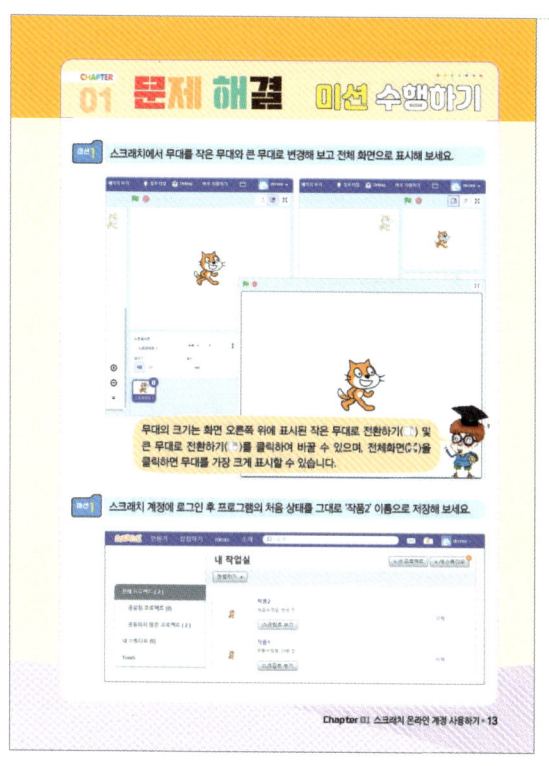

미션 문제

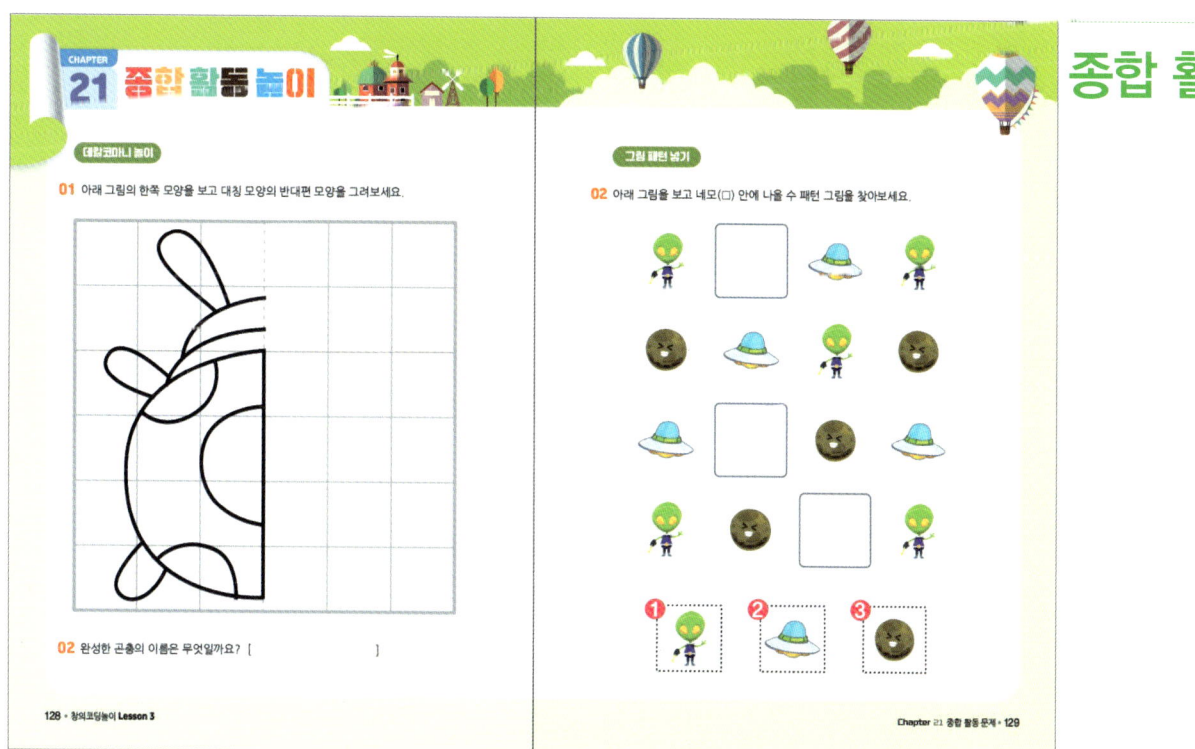

종합 활동

목차 Contents

Chapter 01
- 008 창의 놀이 — 컴퓨팅 사고력 알아보기
- 010 코딩 놀이 — 스크래치 온라인 계정 사용하기

Chapter 02
- 014 창의 놀이 — 분류 게임하기
- 016 코딩 놀이 — 배경 및 스프라이트의 추가와 삭제하기

Chapter 03
- 020 창의 놀이 — 함께 요리하기
- 022 코딩 놀이 — 스프라이트의 모양 수정하기

Chapter 04
- 026 창의 놀이 — 물건 찾기
- 028 코딩 놀이 — 스프라이트의 정보 수정 및 순서 바꾸기

Chapter 05
- 032 창의 놀이 — 김밥 만들기
- 034 코딩 놀이 — 블록 코드 알아보기

Chapter 06
- 038 창의 놀이 — 길찾기 게임
- 040 코딩 놀이 — 컴퓨터에서 가져오기 및 컴퓨터에 저장하기

Chapter 07
- 044 창의 놀이 — 댄스 동작
- 046 코딩 놀이 — 이벤트를 이용한 현관문과 창문 제어하기

Chapter 08
- 050 창의 놀이 — 비밀번호 찾기 규칙
- 052 코딩 놀이 — 순차 알고리즘을 이용한 대화 만들기

Chapter 09
- 056 창의 놀이 — 자동화 공정
- 058 코딩 놀이 — 방향키를 이용한 주차 배우기

Chapter 10
- 062 창의 놀이 — 카드 맞추기 게임
- 064 코딩 놀이 — 디버깅 알아보기

Chapter 11
- 068 창의 놀이 — 제품 만들기
- 070 코딩 놀이 — 반복 알고리즘 알아보기

Chapter 12
- 074 창의 놀이 — 순서도 알아보기
- 076 코딩 놀이 — 꽃잎으로 꽃 만들기

| Chapter 13 | 080 창의 놀이 | 라면 끓이기 |
| | 082 코딩 놀이 | 반복하여 마우스 포인터 위치로 이동하기 |

| Chapter 14 | 086 창의 놀이 | 우산 사용량 예측하기 |
| | 088 코딩 놀이 | 마우스 포인터를 바라보며 이동하기 |

| Chapter 15 | 092 창의 놀이 | 로봇 조립하기 |
| | 094 코딩 놀이 | 벽에 닿으면 튕기기 및 회전 방식 알아보기 |

| Chapter 16 | 098 창의 놀이 | 일정 만들기 |
| | 100 코딩 놀이 | 블록 코드의 복사 및 스프라이트 복사하기 |

| Chapter 17 | 104 창의 놀이 | 성장 기록 알아보기 |
| | 106 코딩 놀이 | 좌표를 이용한 로봇 이동하기 |

| Chapter 18 | 110 창의 놀이 | 음식 찾기 |
| | 112 코딩 놀이 | 로켓 발사 만들기 |

| Chapter 19 | 116 창의 놀이 | 자연에서 패턴 찾기 |
| | 118 코딩 놀이 | 점프 동작 만들기 |

| Chapter 20 | 122 창의 놀이 | 요일별 옷입기 |
| | 124 코딩 놀이 | 크기 변경으로 램프 탈출 장면 만들기 |

| Chapter 21 | 128 종합 활동 | 데칼코마니 놀이, 그림 패턴 넣기, 문제 코딩 |

| Chapter 22 | 132 종합 활동 | 데칼코마니 놀이, 그림 패턴 넣기, 문제 코딩 |

| Chapter 23 | 136 종합 활동 | 길 만들기 놀이, 모양 시각화 놀이, 문제 코딩 |

| Chapter 24 | 140 종합 활동 | 길 만들기 놀이, 모양 시각화 놀이, 문제 코딩 |

설치 Contents

> 엔트리 프로그램의 오프라인 다운로드 과정입니다.

1 온라인 스크래치(scratch.mit.edu) 사이트로 이동 후 화면 아래쪽 [다운로드]를 클릭합니다.

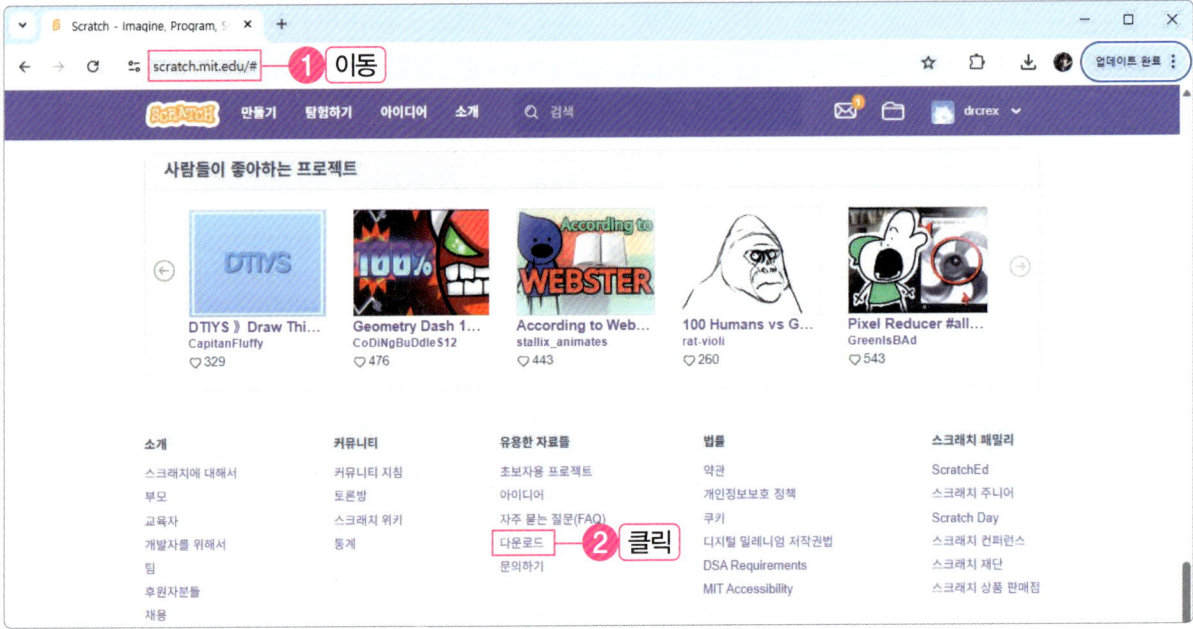

2 다운로드 화면에서 운영체제(Windows)를 선택한 후 [바로 다운로드]를 클릭하여 설치 파일을 다운로드 받습니다.

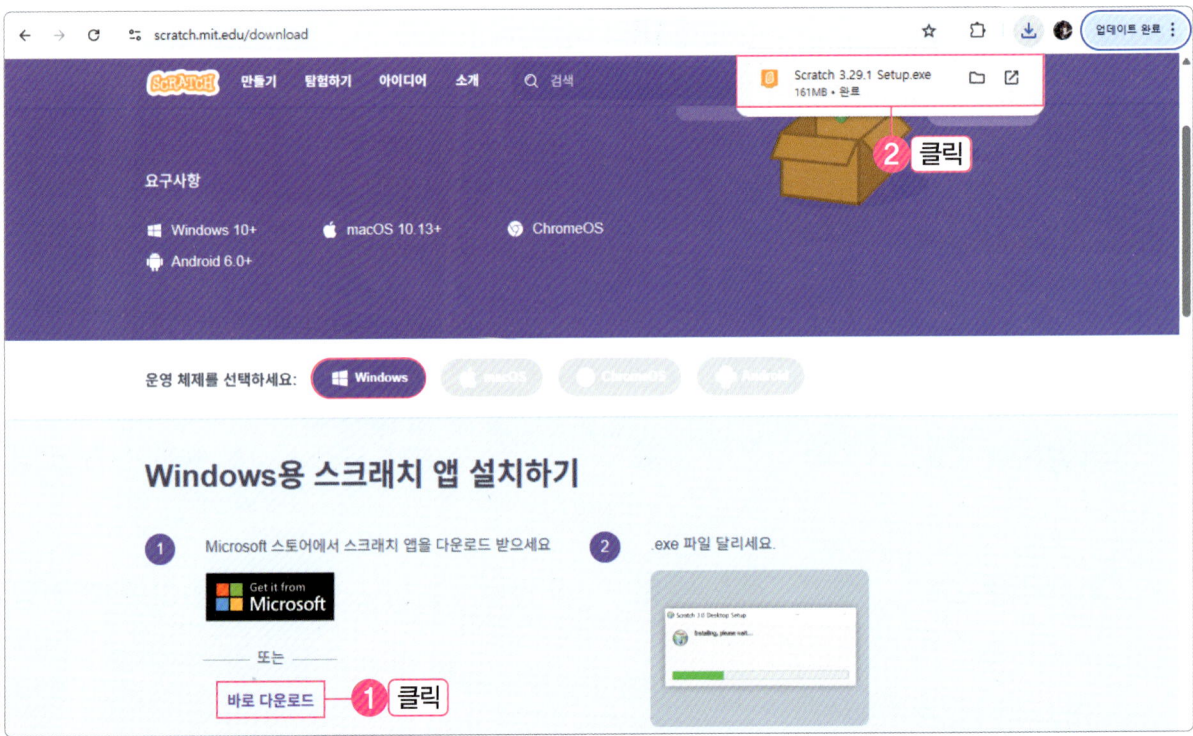

엔트리 프로그램의 오프라인 설치 과정입니다.

1 스크래치 설치 대화상자의 설치 옵션 선택 화면이 표시되면 [설치]를 클릭합니다.

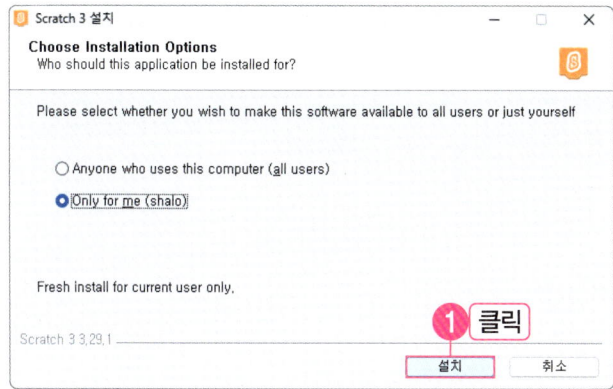

2 설치 과정이 완료되고 Scratch 3 설치 완료 화면이 표시되면 [마침]을 클릭합니다.

3 스크래치 프로그램이 실행됩니다.

여기서 잠깐!

내 컴퓨터에 설치된 스크래치 프로그램 실행하기
- [시작] 단추를 클릭 후 앱 목록에서 [Scratch 3]을 클릭합니다.

온라인 엔트리 실행하기
- 인터넷 크롬(Chrome)에 접속 후 온라인 스크래치 주소(scratch.mit.edu)를 입력하여 이동합니다.
- 본 교재는 온라인을 이용한 스크래치 실행을 기준으로 따라하기를 작성했으며, 3버전입니다.

CHAPTER 01 창의 놀이

컴퓨팅 사고력 알아보기

컴퓨팅 사고력이란?

문제를 해결할 때 우리의 생각이 컴퓨터처럼 생각하여 문제를 해결하는 방법이에요.
그러면 컴퓨터는 어떤 방법으로 문제를 처리하는지 알아봐야겠죠?

01 데이터 수집

결정을 내리기 전에 필요한 모든 정보를 수집합니다.
오류나 실수를 줄이는 데 도움이 되겠죠?
예: 식표품 구매시 필요한 품목을 작성하고 집에 무엇이 있는지 확인한 다음 구매합니다.

 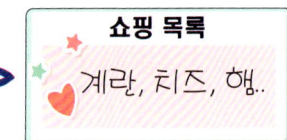

02 절차적 사고 능력

작업을 명확하고 실행 가능한 단계로 나누어 그 순서를 만드는 것을 말해요.
예: 요리법을 따라 요리를 하거나 설명서를 사용하여 순서대로 완성하는 것을 말하죠.

03 알고리즘

반복되는 작업을 예측 가능하고 효율적인 순서로 구성하여 시간을 절약하죠.
예: 아침 일과 만들기(일어나기 ⇨ 양치질하기 ⇨ 아침 식사하기 ⇨ 공부하기 ⇨ 운동하기)

04 논리적 사고 능력

올바른 절차적 사고와 알고리즘을 가지고 그 결과를 미리 추측해 보는 것을 말해요.
예: 친구의 머리가 젖은 상태로 우산을 들고 교실로 들어왔다면 밖에 비가 내리고 있다고 추측할 수 있겠죠? ^^

05 추상화

중요한 사항에 집중하고 중요하지 않은 작은 사항들은 무시하는 것을 말해요.

㉠: 퍼즐 맞추기에서 몇 조각의 특정 부분의 그림을 보고 동물 또는 사물을 알아맞히는 것을 의미해요.

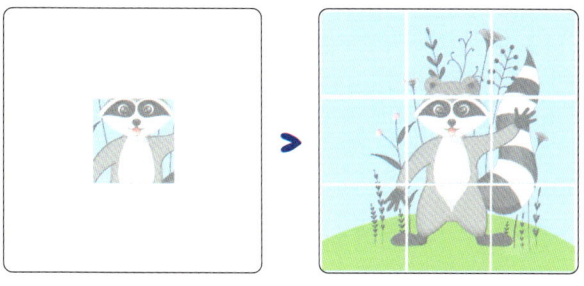

06 패터닝(패턴 인식)

반복되는 동일한 것을 찾는 것을 말해요.

㉠: 레고 블록이 빨간색, 초록색, 빨간색, 초록색 순서로 쌓여 있을 때 빨간색 블록 뒤에 오는 블록은 무얼까요? 초록색 블록이겠죠? ^^

07 디버깅

문제가 발생했을 때 오류를 찾아 새롭게 수정, 개선하는 작업을 말해요.

㉠: 레고 블록을 이용하여 탑을 쌓고 있는데 한쪽으로 계속 기울어질 때 쓰러지지 않도록 블록을 수정하겠죠? 그 작업을 디버깅이라고 해요~^^

08 문제 해결 기술

논리적 사고 능력과 추상화, 그리고 패터닝(패턴 인식) 등을 결합하여 문제를 해결하는데 효과적인 방법을 찾는 것을 말해요.

㉠: 친구와 갈등이 있을 때 그 원인을 알아보고 양쪽의 말을 들어보며, 오해한 부분을 해결하는 등 타협점을 찾는 방법이 있겠죠? ^^

Chapter 01 코딩 놀이 — 스크래치 온라인 계정 사용하기

학습목표

- 스크래치 프로그램의 작업 환경을 알아봅니다.
- 스크래치 계정 만들기 및 작품 저장과 불러오는 방법을 알아봅니다.

배울 내용 미리보기

핵심놀이 스크래치 프로그램의 작업 환경 알아보기

❶ 코드 : 실행할 명령어 블록들을 팔레트 형태로 표시합니다.

❷ 모양 : 스프라이트의 모양을 표시하며, 추가 및 삭제할 수 있습니다.

❸ 소리 : 스프라이트에 지정된 소리 목록을 표시하며, 추가 및 삭제할 수 있습니다.

❹ 시작하기/멈추기 : 프로그램을 실행 / 실행 중인 프로그램을 멈춥니다.

❺ 무대 크기 변경/확대 및 축소 : 무대와 스크립트 영역의 레이아웃을 변경하거나 실행 창을 전체 화면으로 확대 또는 축소합니다.

❻ 확장 기능 추가하기 : 기존의 블록 이외에 다양한 확장 기능을 기본 팔레트에 추가할 수 있습니다.

❼ 스크립트 창 : 블록 명령들을 서로 연결하여 프로그램을 코딩할 수 있습니다.

❽ 무대 : 스프라이트에 부여한 스크립트 명령을 실행하여 화면으로 표시합니다.

❾ 스프라이트 : 실행 창에 표시하는 스프라이트 개체 목록으로 추가 및 수정, 삭제할 수 있습니다.

❿ 스프라이트 고르기 : 스프라이트 고르기, 그리기, 서프라이즈(임의의 스프라이트를 삽입), 스프라이트 업로드 등을 할 수 있습니다.

⓫ 배경 고르기 : 배경 고르기, 그리기, 서프라이즈, 배경 업로드 등을 할 수 있습니다.

01 스크래치 계정 만들기

❶ 스크래치 사이트(https://scratch.mit.edu)에서 [스크래치 가입]을 클릭합니다.

❷ [스크래치 가입] 대화상자의 사용자 이름 및 비밀번호, 소속 국가, 생년월일, 성별, 이메일 주소 등을 이용하여 계정을 만듭니다.

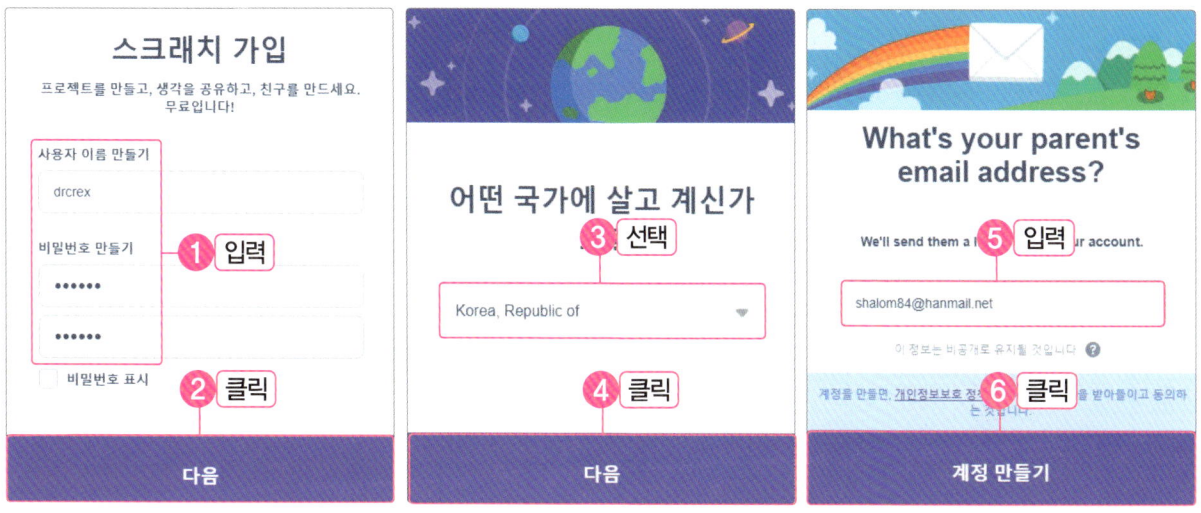

❸ 스크래치 가입이 완료되면 계정에 로그인 된 상태에서 메인 화면이 표시됩니다.

사용자 이름 :
_____

비밀번호 :
_____

STOP! 여기서 잠깐!

계정 로그아웃(Logout)하기

로그아웃(Logout)이란 현재 계정을 그만하고 안전하게 종료하는 것을 의미합니다. 여러 사람이 공동으로 사용하는 공간이라면 특별히 더 신경써야 합니다.

로그아웃 방법은 화면 오른쪽 본인의 계정 이름을 클릭 후 [로그아웃]을 클릭하면 본인의 계정을 안전하게 종료할 수 있습니다.

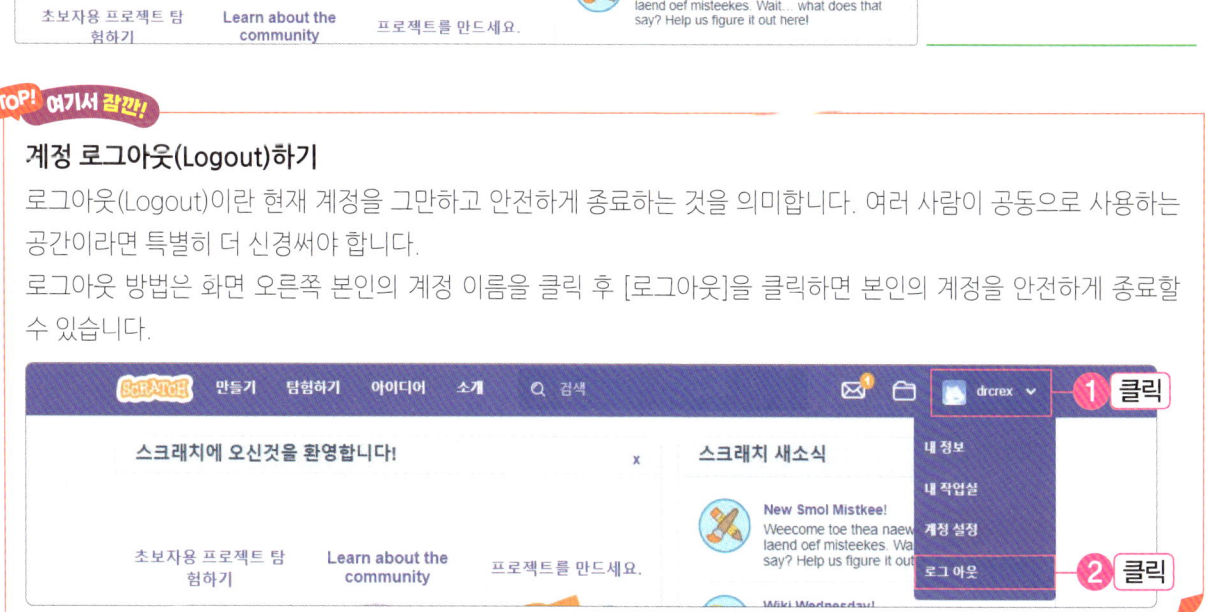

02 계정을 이용한 작품 저장 및 불러오기

❶ 스크래치 사이트(https://scratch.mit.edu)에서 [로그인]을 클릭한 후 사용자 이름과 비밀번호를 이용하여 계정에 로그인한 다음 [만들기]를 클릭합니다.

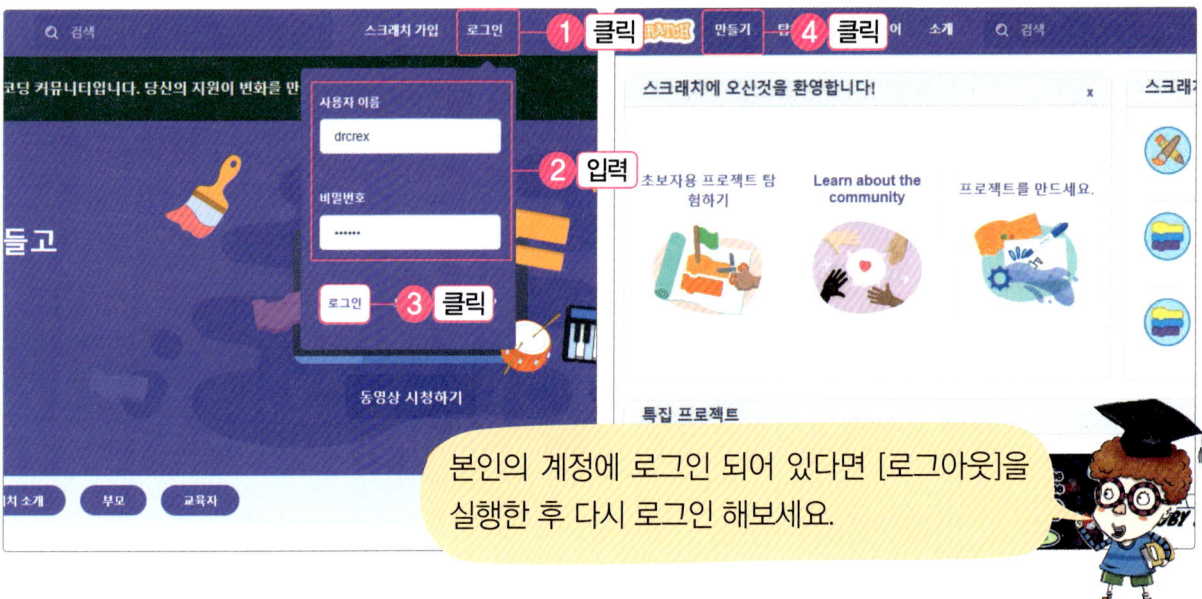

> 본인의 계정에 로그인 되어 있다면 [로그아웃]을 실행한 후 다시 로그인 해보세요.

❷ 처음 표시되는 프로그램을 저장하기 위해 작품 이름(작품1)을 수정한 후 [파일]-[저장하기] 메뉴를 클릭합니다.

❸ 계정에 저장된 작품을 불러오기 위해 [사용자 아이디]-[내 작업실] 메뉴를 클릭한 후 내 작업실 목록에서 불러올 프로젝트(작품1)의 [스크립트 보기]를 클릭하면 불러올 수 있습니다.

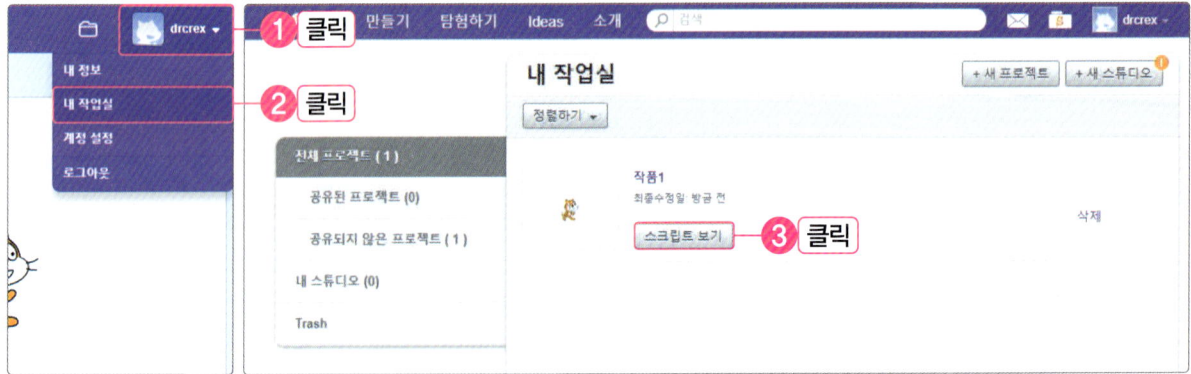

CHAPTER 01 문제 해결 미션 수행하기

미션 1 스크래치에서 무대를 작은 무대와 큰 무대로 변경해 보고 전체 화면으로 표시해 보세요.

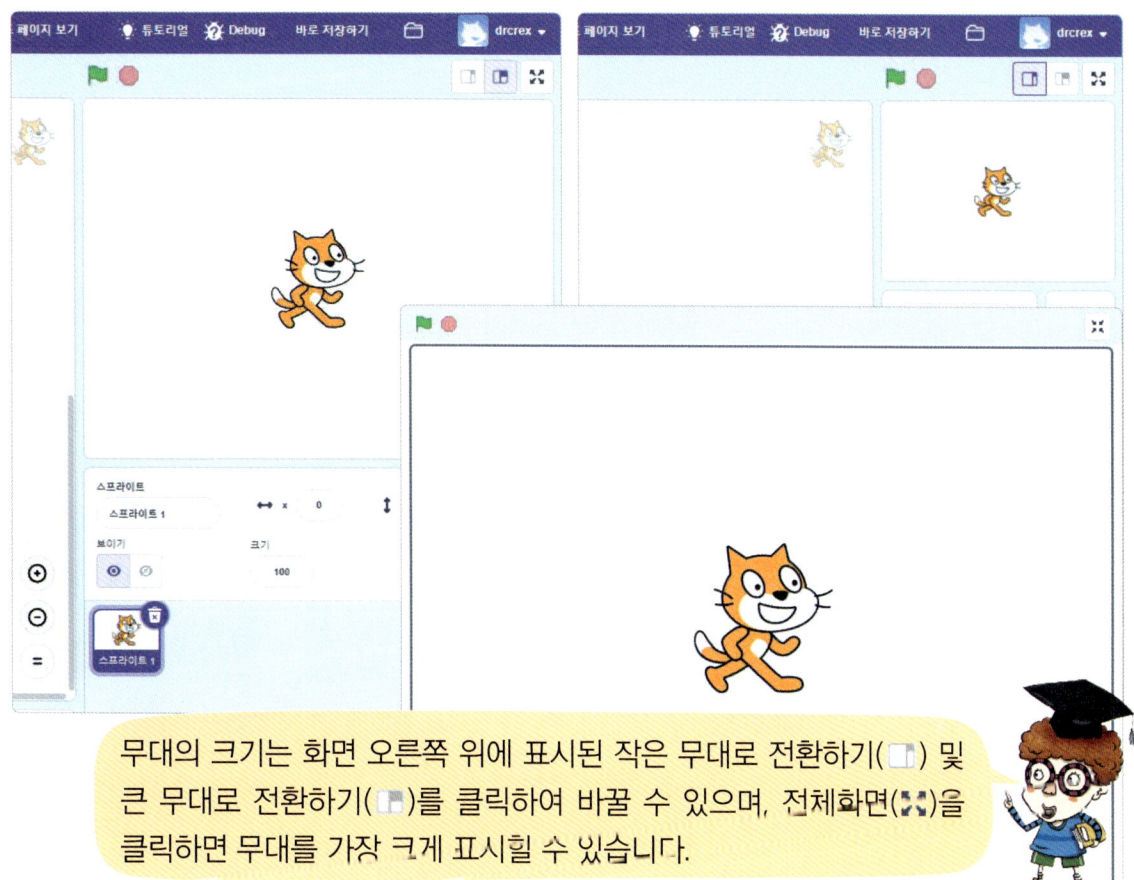

무대의 크기는 화면 오른쪽 위에 표시된 작은 무대로 전환하기(▢) 및 큰 무대로 전환하기(▢)를 클릭하여 바꿀 수 있으며, 전체화면(⛶)을 클릭하면 무대를 가장 크게 표시할 수 있습니다.

미션 1 스크래치 계정에 로그인 후 프로그램의 처음 상태를 그대로 '작품2' 이름으로 저장해 보세요.

Chapter 01 스크래치 온라인 계정 사용하기 • 13

CHAPTER 02 창의 놀이

> **학습 목표**
> • 패턴을 식별하고 데이터를 체계적으로 구성하는 방법을 알아봅니다. **데이터 수집 및 패턴 인식**

분류 게임하기

오늘은 끼리끼리 짝을 지어보는 놀이를 해 볼께요.

▲ 로봇

▲ 물고기

▲ 자동차

▲ 인형

▲ 나무 기차

▲ 피젯 스피너

01 아래에 3개의 분류 바구니가 있어요. 바구니의 특징을 살펴보고 구분해서 6개의 장난감을 담아보세요.

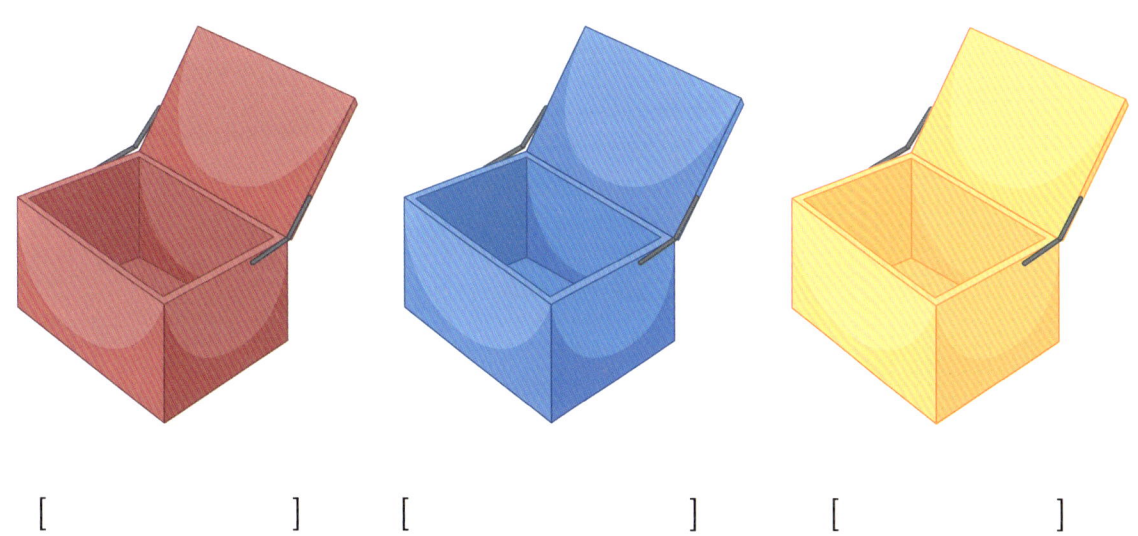

[   ]   [   ]   [   ]

02 사용하지 않는 6개의 장난감을 이제 재활용하기 위해 분리 배출하려고 해요. 아래의 분류함을 보고 장난감의 재질에 맞게 잘 분류할 수 있겠죠? ^^

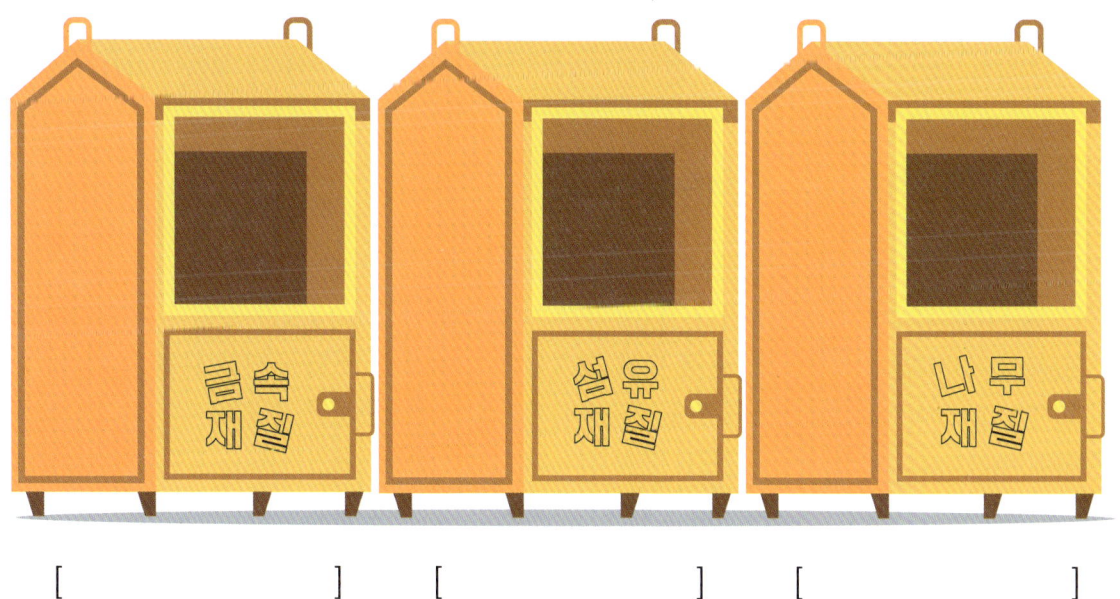

[   ]   [   ]   [   ]

Chapter 02 코딩 놀이 — 배경 및 스프라이트의 추가와 삭제하기

학습목표
- 무대의 배경을 삽입하는 방법에 대해 알아봅니다.
- 스프라이트의 추가 및 삭제 방법을 알아봅니다.

배울 내용 미리보기

핵심놀이 무대 및 스프라이트 알아보기

- 무대는 배경 및 스프라이트를 표시하는 공간이며, 스프라이트는 스크립트 창의 블록 코드에 따라 움직이는 개체를 의미합니다.
- 스프라이트의 모양은 하나 이상으로 블록 코드에 따라 모양을 바꿔 무대에 표현할 수 있습니다.
- 무대에 스프라이트가 서로 겹쳐 있을 때 블록 코드를 통해 순서를 변경할 수 있고 무대에서 맨 앞쪽에 배치하고 싶은 스프라이트를 클릭 및 드래그해도 순서가 변경됩니다.

01 배경 삽입하기

❶ 스크래치(Scratch)를 실행한 후 [배경 고르기]를 클릭합니다.

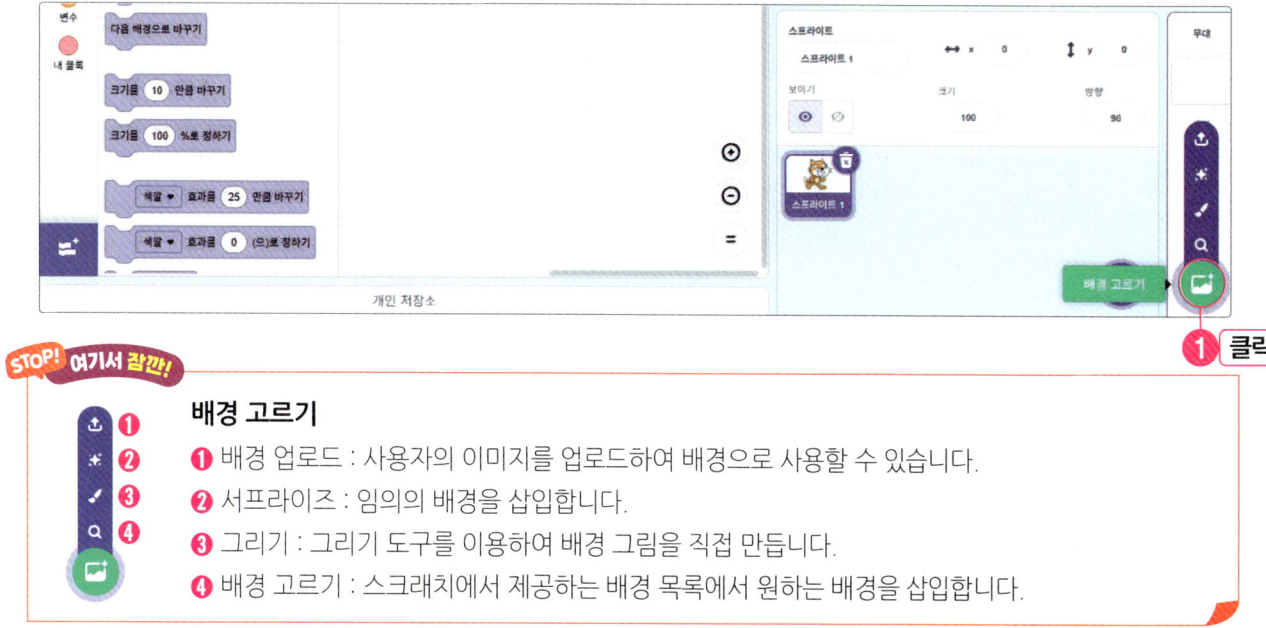

STOP! 여기서 잠깐!

배경 고르기
❶ 배경 업로드 : 사용자의 이미지를 업로드하여 배경으로 사용할 수 있습니다.
❷ 서프라이즈 : 임의의 배경을 삽입합니다.
❸ 그리기 : 그리기 도구를 이용하여 배경 그림을 직접 만듭니다.
❹ 배경 고르기 : 스크래치에서 제공하는 배경 목록에서 원하는 배경을 삽입합니다.

❷ [배경 고르기] 화면이 표시되면 원하는 배경을 선택합니다.

❸ 무대에 선택한 배경이 표시됩니다.

배경을 클릭하면 화면 왼쪽 상단의 [모양] 탭이 [배경] 탭으로 바뀌며, 클릭하면 추가된 배경 목록을 확인할 수 있습니다.

02 스프라이트 추가 및 삭제하기

① 스프라이트를 추가하기 위해 [스프라이트 고르기]를 클릭합니다.

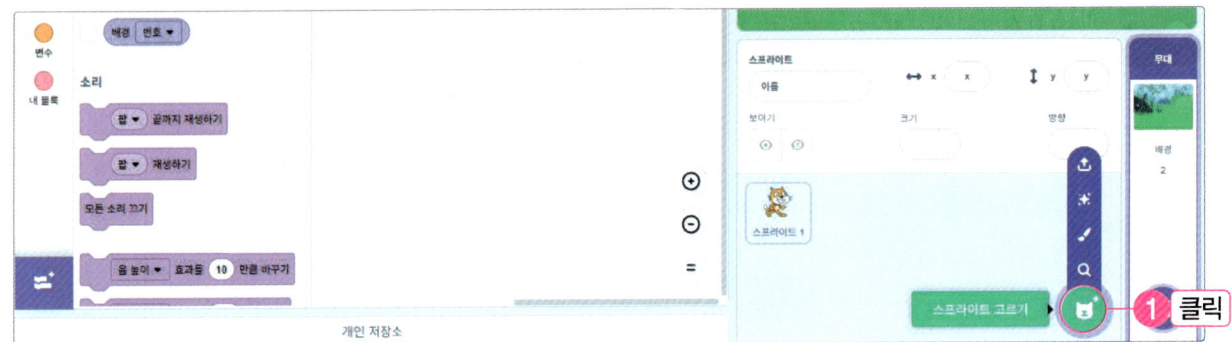

스프라이트 고르기
① 스프라이트 업로드 : 사용자의 이미지를 업로드하여 스프라이트로 사용할 수 있습니다.
② 서프라이즈 : 임의의 스프라이트를 삽입합니다.
③ 그리기 : 그리기 도구를 이용하여 스프라이트를 직접 만듭니다.
④ 스프라이트 고르기 : 제공하는 스프라이트 목록에서 원하는 스프라이트를 선택하여 삽입합니다.

② [스프라이트 고르기] 화면이 표시되면 원하는 스프라이트를 선택합니다.

③ 스프라이트가 추가되며, 스프라이트에서 [삭제(🗑)]를 클릭하면 목록에서 삭제할 수 있습니다.

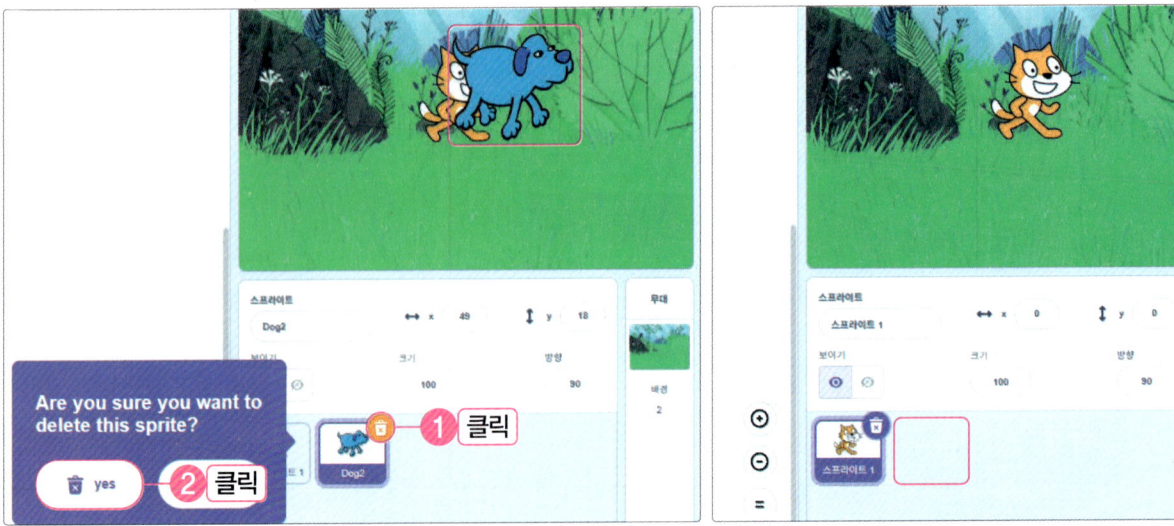

18 • 창의코딩놀이 **Lesson 3**

CHAPTER 02 문제 해결 미션 수행하기

미션 1 스크래치(Scratch)에서 다음과 같이 배경 및 스프라이트를 추가하여 무대를 완성해 보세요.

무대에서의 스프라이트를 드래그하면 원하는 위치로 이동할 수 있습니다.

미션 2 스크래치(Scratch)에서 다음과 같이 배경 및 스프라이트를 추가하여 무대를 완성해 보세요.

무대에서의 스프라이트를 선택 후 설정에서 크기값을 수정하여 크기를 변경할 수 있습니다.

CHAPTER 03 창의 놀이

학습 목표

- 절차적 사고와 잘못한 실수의 해결 방법을 알아봅니다.

절차적 사고 및 디버깅

함께 요리하기

오늘은 요리하는 날~! 친구들과 샌드위치를 만들어 먹으려 해요.
재료는 엄마가 이렇게 미리 준비해 주셨네요~^^

[재료] 샌드위치 빵, 토마토, 아스파라거스, 양파, 새우, 아보카도, 상추, 새싹, 계란 후라이, 치즈, 올리브, 햄, 파프리카, 베이컨, 햄, 연어살, 오이

[만들기] 나는 친구들과 함께 어떤 샌드위치를 만들까 생각했어요.

[재석]　　　　[종국]　　　　[하하]　　　　[석진]

01 재석이가 샌드위치를 만들 때 아래부터 위쪽 순서로 쌓아서 만든다면 그 순서는 어떻게 될까요?

빵 > [　　　] > [　　　　] > [　　　　] > [　　　　] > 빵

02 종국이가 샌드위치를 만들다 갑자기 멈췄어요. 문제가 생겼나봐요. 어떤 문제일까요?

[　　　　　　　　　　　　　　　　　　　　　　　　　]

03 샌드위치를 만드는 순서가 비교적 짧은 2명의 친구는 누구일까요?

[　　　　　　　　　　　　　　　　　　　　　　　　　]

Chapter 03 코딩 놀이 — 스프라이트의 모양 수정하기

학습목표
- 스프라이트의 모양을 추가 및 삭제하는 방법에 대해 알아봅니다.
- 스프라이트 모양의 회전 및 크기, 이름 변경 방법에 대해 알아봅니다.

배울 내용 미리보기

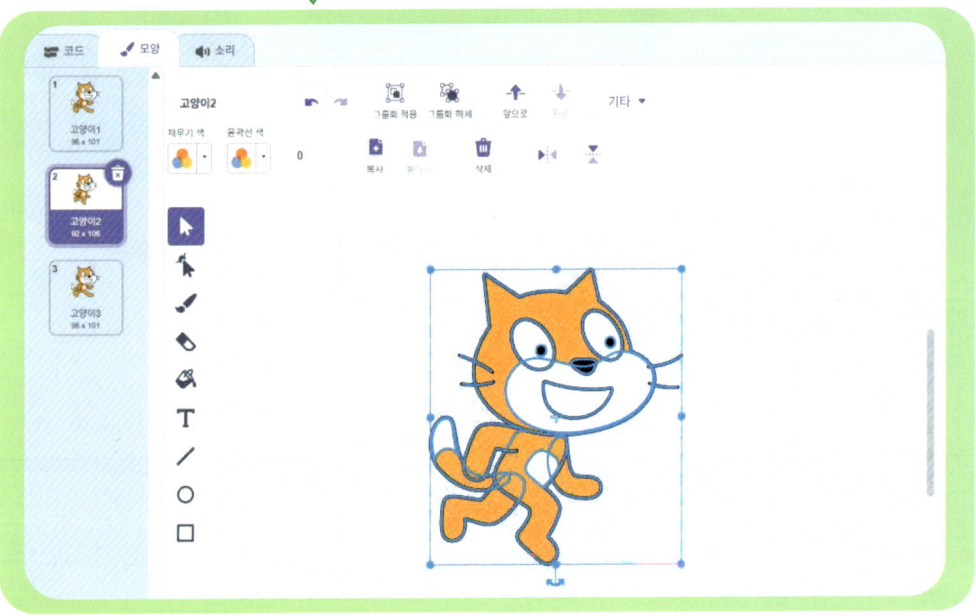

핵심놀이 스프라이트 모양 알아보기

- 스프라이트의 모양은 주로 블록 코딩을 통해 움직이는 동작을 만들거나 마술과 같이 깜짝 변신 등을 작동시킬 때 많이 사용합니다.
- 스프라이트의 [모양] 탭을 클릭하면 모양 목록이 표시되며, 하나 이상의 모양이 담겨있을 수 있습니다.
- 모양 목록에서 원하는 모양을 선택하면 무대에 표시된 스프라이트 모양이 선택한 모양으로 변경되며, 모양 변경과 관련된 블록 코딩을 통해서도 스프라이트의 모양을 변경할 수 있습니다.

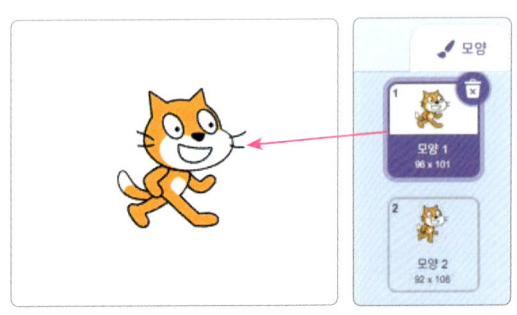
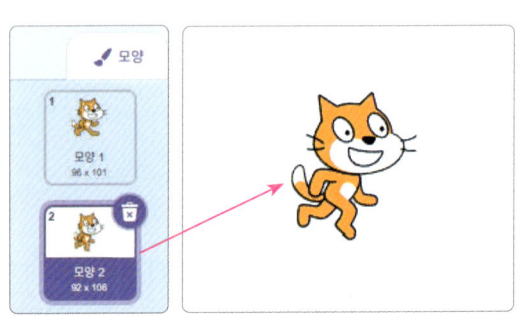

01 스프라이트의 모양 추가 및 삭제하기

❶ 스크래치(Scratch)를 실행한 후 고양이 스프라이트의 [모양] 탭에서 [모양 고르기]를 클릭합니다.

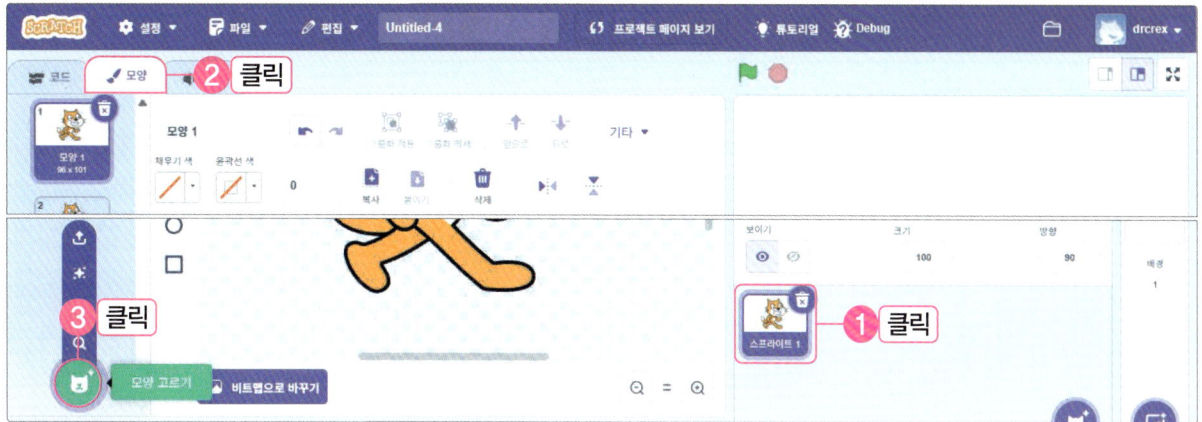

STOP! 여기서 잠깐!

모양 고르기
❶ 모양 업로드 : 사용자의 이미지를 업로드하여 모양으로 사용할 수 있습니다.
❷ 서프라이즈 : 임의의 모양을 삽입합니다.
❸ 그리기 : 그리기 도구를 이용하여 모양을 직접 만듭니다.
❹ 모양 고르기 : 스크래치에서 제공하는 모양 목록에서 원하는 모양을 삽입합니다.

❷ [모양 고르기] 화면이 표시되면 원하는 모양을 선택합니다.

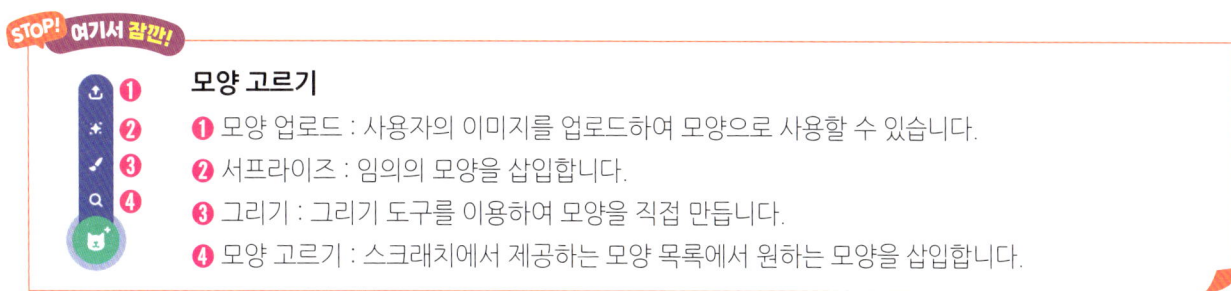

❸ 모양 목록에 선택한 모양이 표시됩니다. 모양의 [삭제(🗑)]를 클릭하면 해당 모양을 삭제할 수 있습니다.

> 모양은 같은 스프라이트의 움직이는 동작을 만들때 주로 사용하며, 이 때 크기가 비슷해야 동작이 자연스럽습니다.

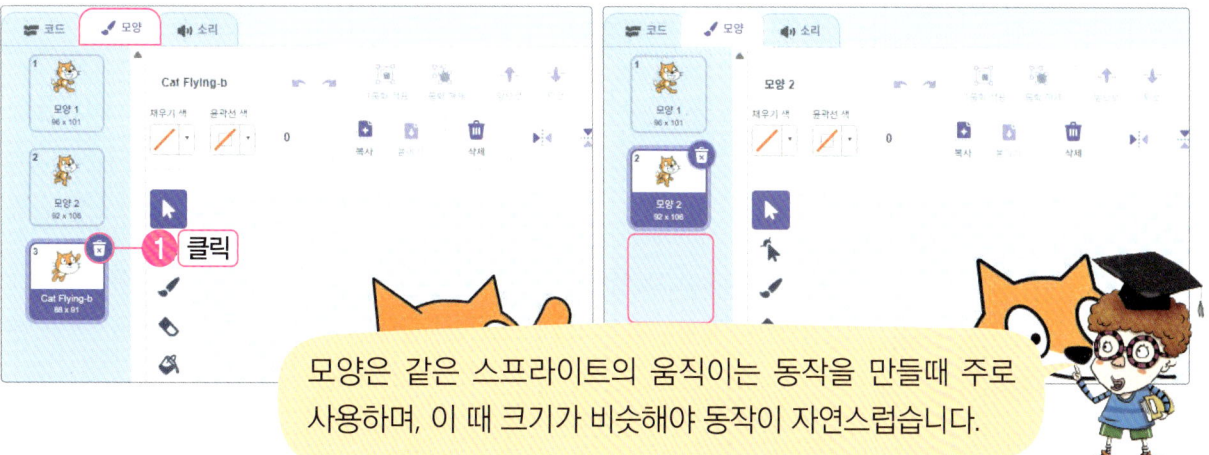

02 스프라이트의 모양 수정하기

❶ 모양을 복사하기 위해 [모양1]에서 마우스 오른쪽 단추를 눌러 [복사]를 클릭합니다. 모양이 복사됩니다.

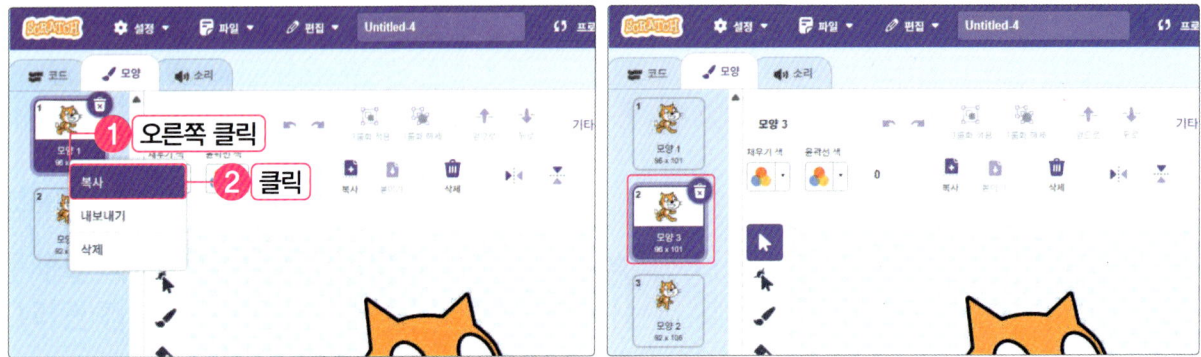

❷ 모양 목록에 복사된 [모양3]을 아래로 드래그하여 위치를 이동합니다. [모양1]을 선택 후 모양 이름(고양이1)을 수정합니다. 같은 방법으로 나머지 모양의 이름(고양이2, 고양이3)을 수정해 봅니다.

❸ [고양이3]의 모양 전체를 드래그하여 선택한 후 회전 및 크기 조절점을 드래그하여 회전과 크기 변경 방법을 알아봅니다.

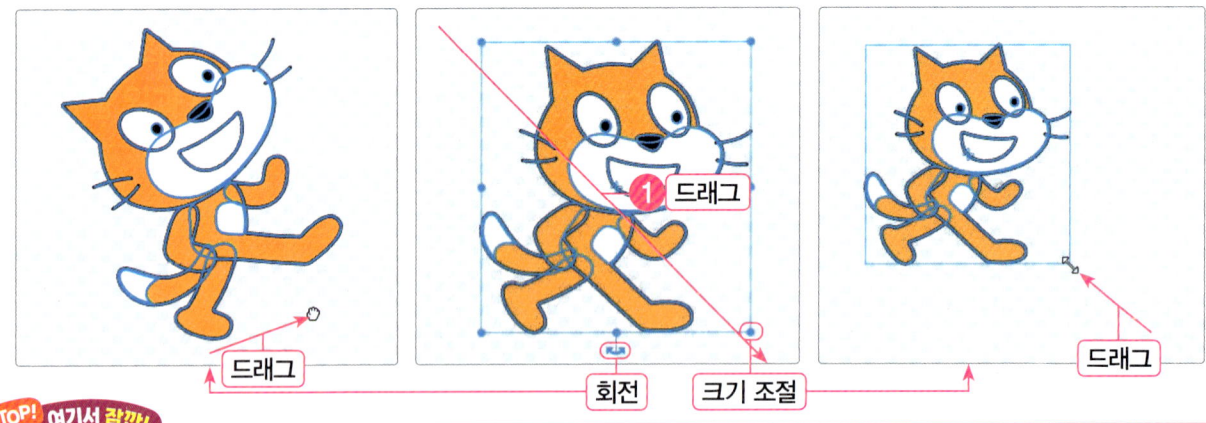

> **STOP! 여기서 잠깐!**
>
> **모양 편집 방식 알아보기**
> - 스프라이트의 모양을 편집하는 방식에는 비트맵 방식과 벡터 방식이 있습니다.
> - 비트맵으로 바꾸기 : 픽셀 단위로 이미지 편집 방식으로 이미지 전체가 하나의 개체로 존재합니다.
> - 벡터로 바꾸기 : 점과 선을 연결하는 방식의 이미지로 이미지 각각의 개체로 구성, 존재합니다.
> - 벡터 이미지를 비트맵으로 바꾼 후 다시 벡터 형식으로 변경하면 이전의 벡터 이미지와 다를 수 있습니다.

CHAPTER 03 문제 해결 미션 수행하기

미션 1 스크래치(Scratch)에서 다음과 같이 배경 및 스프라이트를 추가하여 무대를 완성해 보세요.

- 배경 : Bedroom1
- 스프라이트 : Harper, Dress, Shoes

미션 2 스프라이트의 모양을 변경하여 무대를 완성해 보세요.

스프라이트의 [모양] 탭에서 원하는 모양을 선택하여 바꾸어 보세요.

Chapter 03 스프라이트의 모양 수정하기 • 25

CHAPTER 04 창의 놀이

> **학습 목표**
> • 추상화와 논리적 문제 해결 방법을 알아봅니다.
>
> **추상화 및 문제 해결 능력**

물건 찾기

미술 학원에 갈 시간이 되었어요. 미술 도구를 챙겨 학원에 가볼까요?

01 미술 학원에 가기 위해 가방에 필요한 도구를 넣어 가려고 할 때 꼭 필요한 도구는 무엇일까요? 필요한 도구를 찾아 묶어 주세요.

미술 학원에 갈 때 필요한 도구를 식별하고 방해 요소를 무시하는 것을 추상화라고 해요.

02 재석이는 친구들과 해변에 가서 수영을 하며 재미있는 시간을 보내려고 합니다.
아래에 있는 다양한 물품 중에서 꼭 필요한 물품 1개만 가져가야 한다면 어떤 물품을 가져가야 할까요?

03 위의 그림 중에서 썬 크림을 많이 사용하는 계절과 가장 거리가 먼 물품은 어떤 것일까요?

Chapter 04 창의 놀이 • 27

Chapter 04 코딩 놀이

스프라이트의 정보 수정 및 순서 바꾸기

학습목표

- 스프라이트의 이름 및 크기, 위치 등 정보 수정 방법을 알아봅니다.
- 스프라이트의 정렬 순서 변경 방법을 알아봅니다.

배울 내용 미리보기

핵심놀이 — 스프라이트의 정보 알아보기

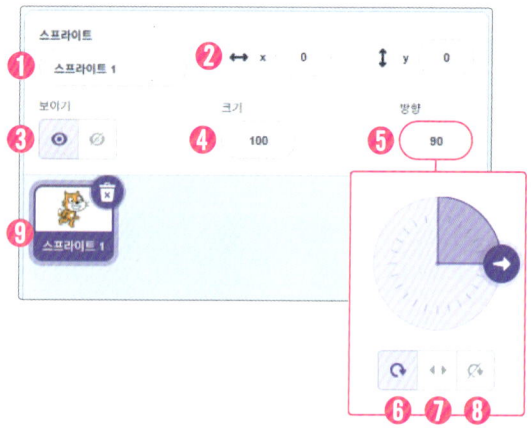

스프라이트 정보는 다음과 같습니다.

① 스프라이트 이름
② 위치 : x(가로), y(세로) 좌표 이용
③ 무대에서 보이기(◉) 또는 숨기기(∅)
④ 크기 : 기본값(100)에서 작게 또는 크게 수정
⑤ 방향 : 기본값(90)에서 드래그하여 방향 수정
⑥ 회전하기 : 자유롭게 회전 설정
⑦ 왼쪽/오른쪽 : 왼쪽과 오른쪽으로만 회전 설정
⑧ 회전하지 않기 : 회전하지 않도록 설정
⑨ 스프라이트 목록

01 스프라이트 정보 수정하기

❶ 스크래치(Scratch)를 실행한 후 스프라이트의 이름(고양이1)을 수정한 다음 고양이1 스프라이트에서 마우스 오른쪽 단추를 눌러 [복사]를 클릭합니다.

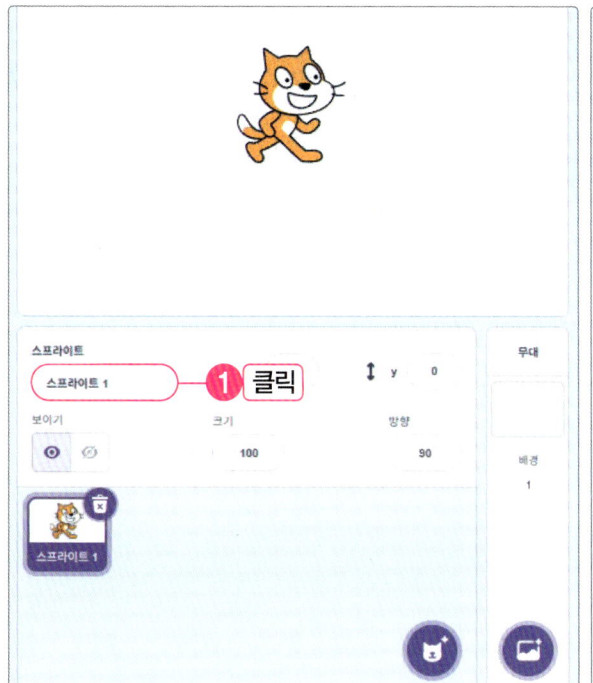
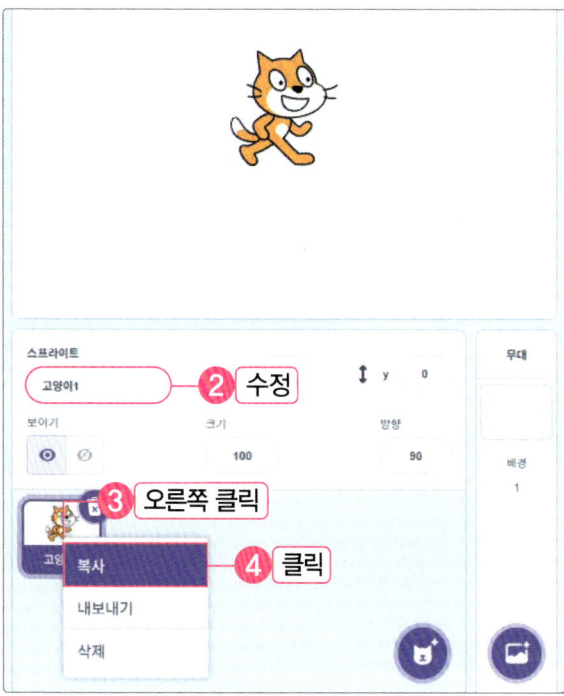

❷ 스프라이트가 복사되어 고양이2 이름으로 스프라이트 목록에 표시됩니다. 고양이2 스프라이트를 무대의 오른쪽에 크게 표시하기 위해 x(100) 위치 및 크기(150)를 수정합니다.

스프라이트의 이동은 스프라이트 정보의 x, y 값을 수정하거나 무대에서 마우스로 드래그하여 위치를 이동할 수 있습니다.

02 무대의 스프라이트 정렬 순서 바꾸기

❶ 스프라이트 목록에서 [스프라이트 고르기]를 클릭한 후 스프라이트 고르기 화면에서 추가할 스프라이트를 선택합니다.

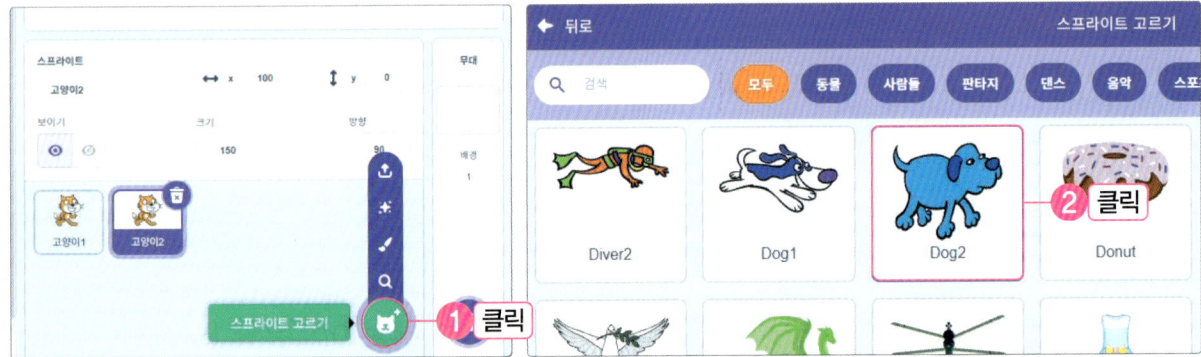

❷ 무대에 추가된 스프라이트(Dog2)가 표시됩니다. 겹쳐 있는 순서를 변경하기 위해 맨 앞으로 변경할 스프라이트를 드래그하여 원하는 위치로 이동합니다.

무대에서 스프라이트가 서로 겹쳐 있을 때 원하는 스프라이트를 드래그하면 가장 앞쪽에 배치할 수 있으며, 순서 변경과 관련된 블록을 이용해서도 배치 순서를 바꿀 수 있습니다.

❸ 스프라이트 목록에서 삭제할 스프라이트의 [삭제(🗑)]를 클릭하면 목록에서 삭제할 수 있습니다.

CHAPTER 04 문제 해결 미션 수행하기

미션 1 스크래치에서 배경 및 스프라이트를 추가하고 정보를 수정하여 무대를 완성해 보세요.

- 배경 : Blue Sky
- 스프라이트 : Food Truck
  (위치 x:0, y:-10, 크기:120)

미션 2 미션1 무대에서 스프라이트를 추가하고 정보를 수정하여 무대를 완성해 보세요.

- 스프라이트 : Giraffe, Penguin, Hare, Owl
  (위치 및 크기 임의 설정, 배치 : 결과 화면 참고)

Chapter 04 스프라이트의 정보 수정 및 순서 바꾸기

CHAPTER 05 창의 놀이

> **학습 목표**
> - 결과물에 필요한 재료 및 진행 순서 등을 알아봅니다.
>
> **자료 수집 및 절차적 사고**

김밥 만들기

오늘은 우리 가족이 함께 즐거운 소풍을 가려고 합니다.
소풍에 김밥이 빠지면 안되겠죠?
아침 일찍 근처 마트에 들러 김밥을 만들기 위해 필요한 물건을 구입하려고 합니다.
김밥을 만들기 위해서는 어떤 재료가 필요할까요?

_____

_____

_____

_____

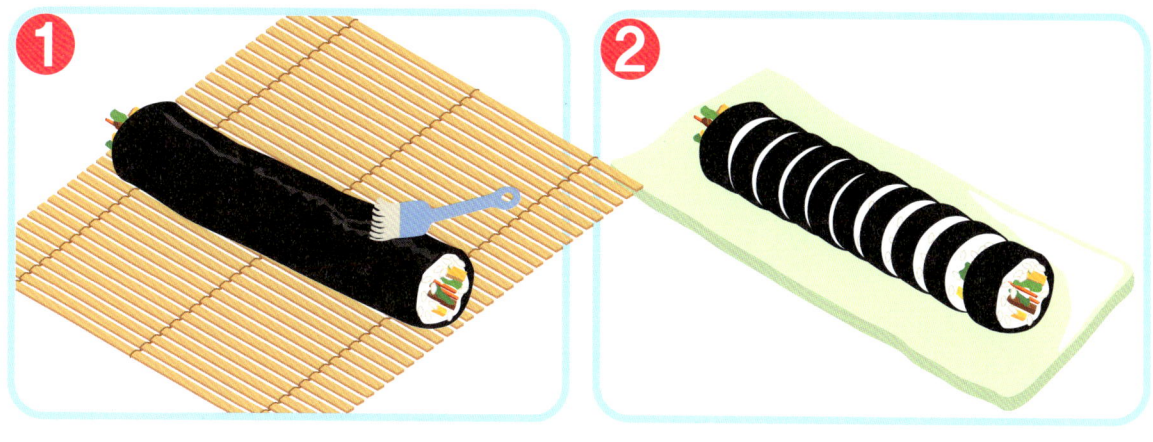

01 그림을 보고 김밥을 만들기 위한 요리 순서를 번호로 입력해 보세요.

[   ] > [   ] > [   ] > [   ] > [   ]

Chapter 05 창의 놀이 • 33

Chapter 05 코딩 놀이 — 블록 코드 알아보기

학습목표

- 블록 코드 형태에 따른 종류를 알아봅니다.
- 블록을 이용한 코딩 방법에 대해 알아봅니다.

배울 내용 미리보기

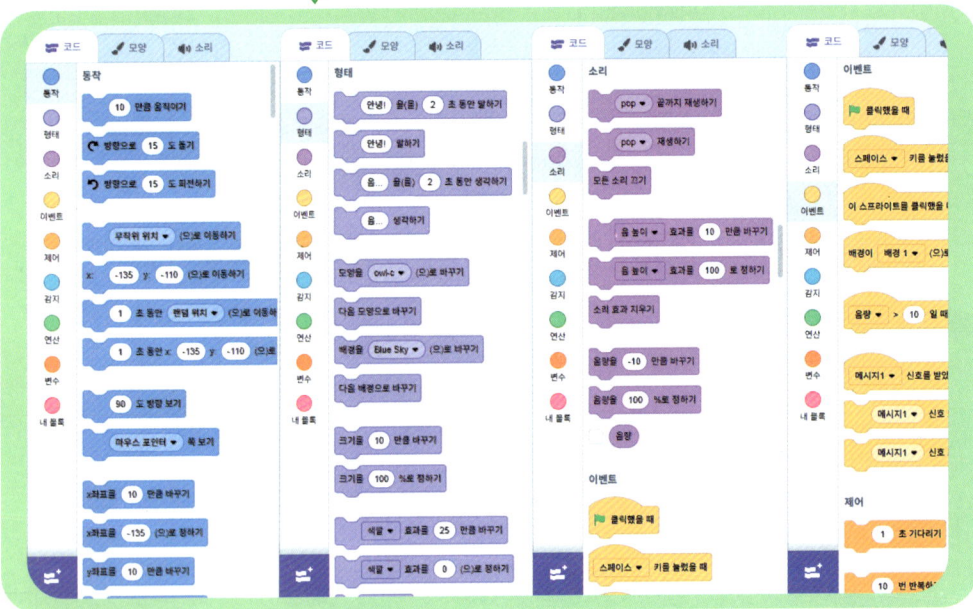

핵심놀이 블록 모양으로 알아보는 스크래치 명령어 살펴보기

- 스크래치에서 사용하는 블록은 [코드] 탭에서 제공하며, [동작], [형태], [소리], [이벤트], [제어], [감지], [연산], [변수], [내 블록] 등으로 구분하여 블록을 제공합니다.
- [동작] : 스프라이트의 방향 및 움직임 등에 사용하는 블록입니다.
- [형태] : 대화 또는 모양변경, 크기 및 색 등의 효과 지정에 사용하는 블록입니다.
- [소리] : 소리 재생에 관련된 블록입니다.
- [이벤트] : 이벤트의 시작 방법에 사용하는 블록입니다.
- [제어] : 특정 조건을 비교하거나 판단에 따른 선택, 반복 등에 사용하는 블록입니다.
- [감지] : 조건 및 비교, 판단을 만들 때 감지 상황 등에 필요한 블록입니다.
- [연산] : 인수들의 계산 및 결합 등에 필요한 블록입니다.
- [변수] : 변수 및 리스트를 만들고 값을 정하는 등에 필요한 블록입니다.
- [내 블록] : 사용자가 직접 명령어 블록을 만들 때 사용합니다.

01 블록 코드의 형태에 따른 종류 알아보기

이벤트 블록 ( )
이벤트의 시작을 알리는 블록으로 [이벤트] 팔레트에서 제공합니다.

명령어 블록 ( )
실행하고자 하는 명령어가 담긴 블록으로 [동작], [형태], [소리], [변수] 등 많은 팔레트에서 제공합니다.

판단 및 인수 블록 ( )
혼자 사용할 수 없고 명령어 및 조건, 반복 블록 등에 포함하여 사용하는 [감지] 및 [연산] 등에서 제공합니다(끼우는 모양 구분).

제어 블록 ( )
비교/판단 등 조건에 따라 실행하거나 반복 횟수 등을 지정할 때 사용하는 블록입니다(끼우는 모양 구분).

02 블록 코딩 연습하기

❶ 스프라이트1의 [코드] 탭에서 [동작] 팔레트의 `10 만큼 움직이기` 블록을 드래그하여 스크립트 영역으로 이동 후 클릭합니다. 무대의 스프라이트1이 오른쪽(90도) 방향으로 10만큼 이동하는 것을 확인할 수 있습니다.

❷ [형태] 팔레트에서 `안녕! 을(를) 2 초 동안 말하기` 블록을 드래그하여 `10 만큼 움직이기` 블록 아래에 연결한 후 클릭합니다. 무대의 스프라이트가 10만큼 이동 후 '안녕'을 2초 동안 말하는 것을 확인할 수 있습니다.

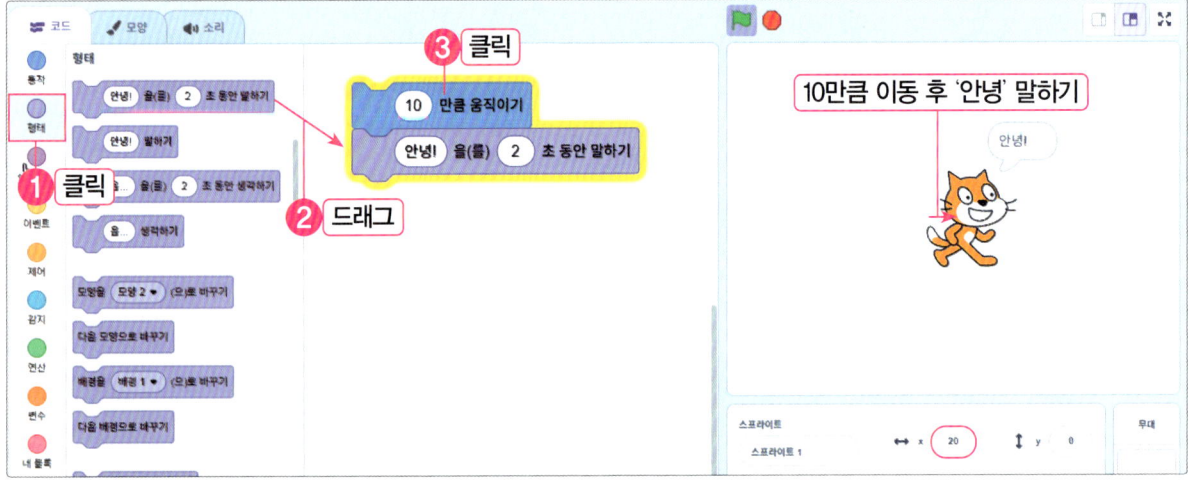

❸ 스크립트 영역의 블록 묶음을 팔레트 영역으로 드래그하면 해당 블록 묶음이 삭제되는 것을 확인할 수 있습니다.

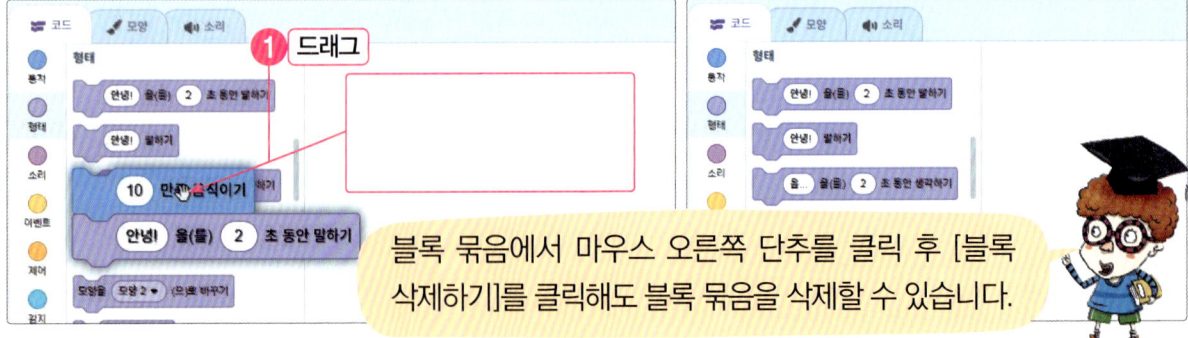

블록 묶음에서 마우스 오른쪽 단추를 클릭 후 [블록 삭제하기]를 클릭해도 블록 묶음을 삭제할 수 있습니다.

CHAPTER 05 문제 해결 미션 수행하기

미션 1 스크래치(Scratch)에서 다음과 같이 배경 및 스프라이트를 추가하여 무대를 완성해 보세요.

- 배경 : Party
- 스프라이트 : Ballenrina

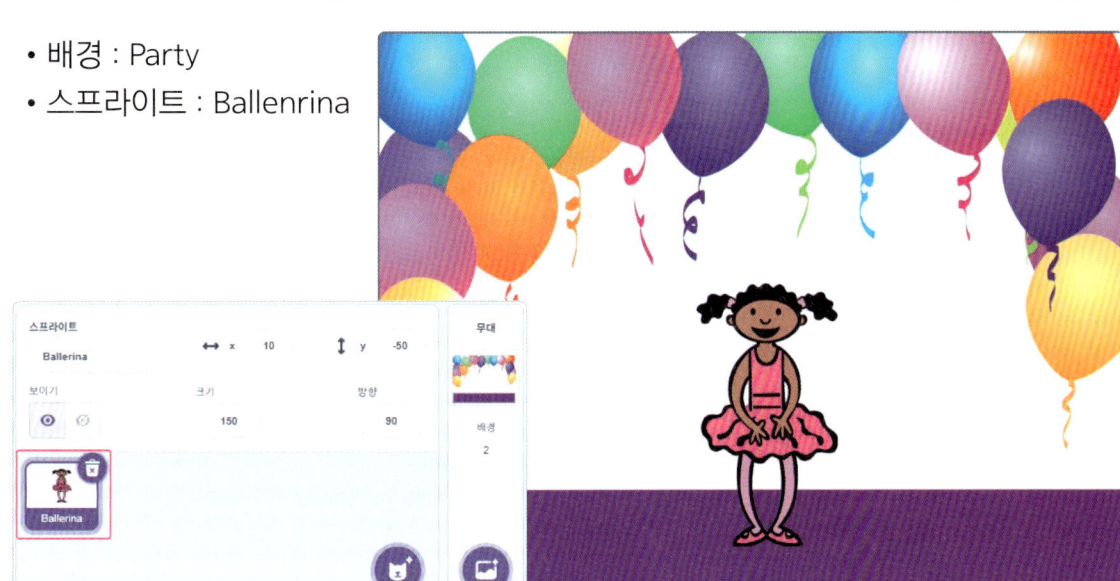

미션 2 Ballenrina 스프라이트의 [코드] 탭에서 임의의 블록을 연결하여 무대 결과를 확인해 보세요.

블록 코딩 예)

블록의 삭제는 삭제할 블록을 팔레트 영역으로 드래그하면 삭제됩니다.

CHAPTER 06 창의 놀이

학습 목표

- 문제를 해결하는 방법과 오류를 찾아 수정하는 방법을 알아봅니다. **논리적 사고 및 디버깅**

길찾기 게임

토끼 친구가 학교에 가려고 길을 나서고 있어요. 학교까지 잘 찾아 갈 수 있도록 도와주세요.

01 학교가는 길에 여우가 너무 많아 토끼가 무서워하고 있어요. 하지만 여우 중에는 착한 여우 한 마리가 있다고 하네요. 그 친구가 있는 길만 통과하면 무사히 학교까지 갈 수 있다고 해요. 그 친구는 어느 여우일까요?

친구들과 재미있게 놀았으니 이제 집에 가야겠죠?
항상 가던 길을 찾아 신나게 집으로 갑니다.

02 친구들은 그 길보다 더 짧아 집까지 빨리 갈 수 있는 길이 있다고 하네요.
어떤 길일까요? 짧은 길을 찾아 가는 길을 수정해 보세요.

Chapter 06 코딩 놀이

컴퓨터에서 가져오기 및 컴퓨터에 저장하기

- 스크래치 파일을 컴퓨터에서 가져오는 방법을 알아봅니다.
- 스크래치에서 내 컴퓨터로 저장하는 방법을 알아봅니다.

핵심놀이 컴퓨터에서 가져오기 및 컴퓨터에 저장하기

컴퓨터에서 가져오기
- 내 컴퓨터에 저장되어 있는 파일을 스크래치 프로그램으로 불러오는 방법입니다.
- [파일]-[컴퓨터에서 가져오기]를 클릭 후 [열기] 대화상자에서 파일을 선택하여 불러옵니다.

컴퓨터에 저장하기
- 스크래치 파일을 내 컴퓨터에 저장하는 방법을 의미합니다.
- [파일]-[컴퓨터에 저장하기]를 클릭하면 내 컴퓨터의 [다운로드] 폴더에 자동으로 저장됩니다.

[파일]-[복사본 저장하기]는 내 작업실에 기존의 원본 프로젝트 파일은 그대로 두고 복사본을 하나 더 만들 때 사용합니다.

01 스크래치 파일 컴퓨터에서 가져오기

❶ 스크래치(Scratch)를 실행한 후 [파일]-[컴퓨터에서 가져오기]를 클릭합니다.

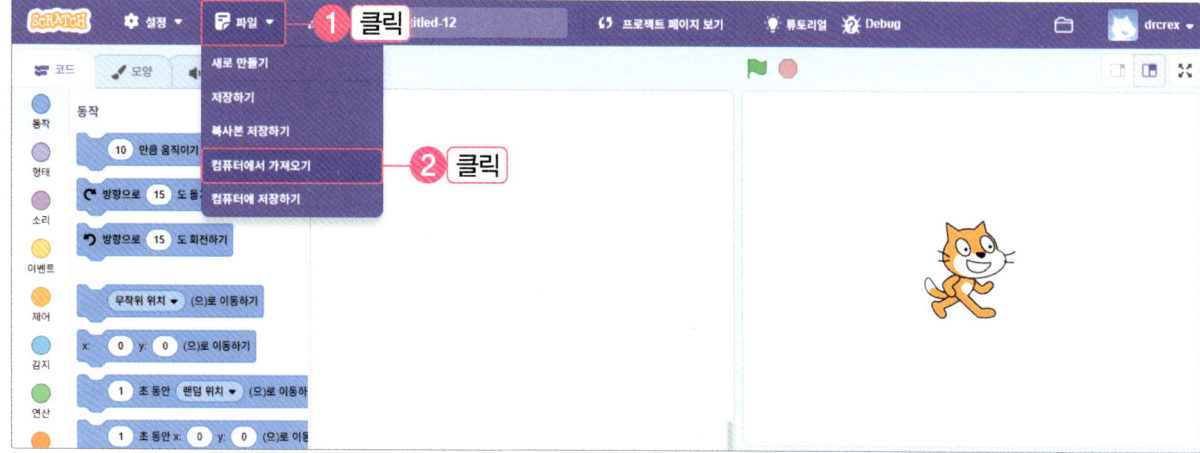

❷ [열기] 대화상자에서 위치(06장 〉 불러올파일) 및 파일 이름(축구)을 선택하고 [열기]를 클릭합니다.

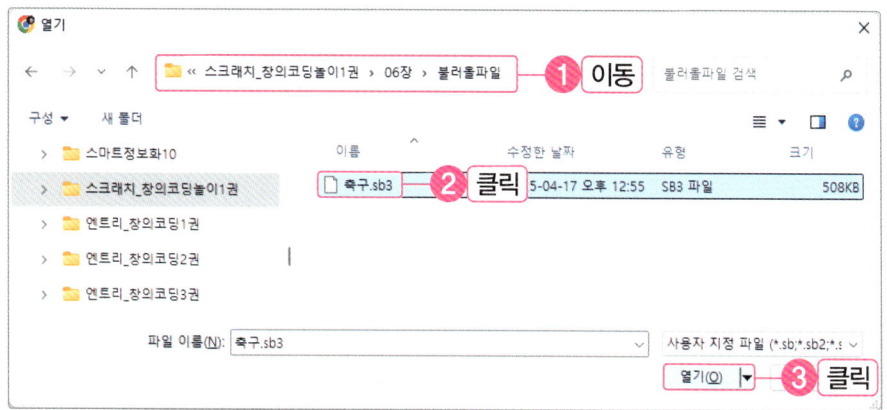

> 자료 다운로드는 렉스미디어(rexmedia.net) 홈페이지의 [교재 소개]-[특강 / 코딩 교재]-[초등|코딩코딩 챌린지]를 이용합니다.

❸ 선택한 파일이 스크래치 프로그램에서 열립니다.

Chapter 06 컴퓨터에서 가져오기 및 컴퓨터에 저장하기 • 41

02 블록 코딩의 실행 및 컴퓨터에 저장하기

❶ 불러온 스크래치 파일의 실행을 위해 시작하기(🏁)를 클릭하여 무대에서의 실행을 확인합니다.

블록 코딩이 종료되면 무대의 실행도 자동으로 종료되지만 반복하여 실행하거나 실행 중간에 종료할 경우 멈추기(🔴)를 클릭하여 종료할 수 있습니다.

❷ 스크래치 파일을 내 컴퓨터에 저장하기 위해 [파일]-[컴퓨터에 저장하기]를 클릭합니다.

❸ 스크래치 파일의 다운로드가 이루어지며, 화면 위쪽 다운로드(⬇)를 클릭 후 폴더 열기(📁)를 클릭하면 다운로드 폴더에 저장된 것을 확인할 수 있습니다.

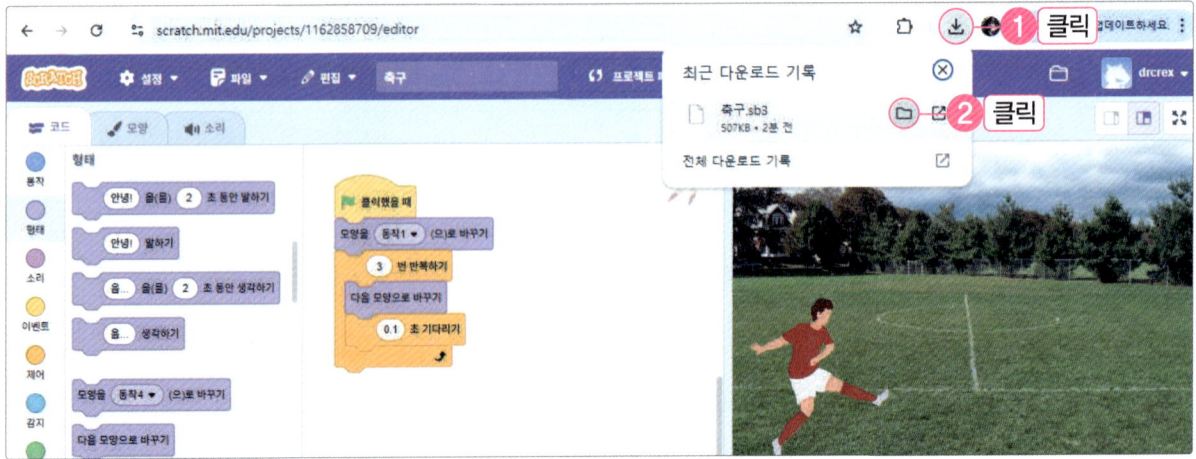

CHAPTER 06 문제 해결 미션 수행하기

미션 1 아래의 위치 경로와 파일 이름을 참고하여 컴퓨터에서 가져와 스크래치에서 열어보세요.

- 위치 : 06장 〉 불러올파일
- 파일 : 댄스.sb3

미션 2 불러온 댄스.sb3 파일을 실행한 후 무대 결과를 확인하고 컴퓨터에 저장해 보세요.

- 위치 : [다운로드] 폴더
- 파일 : 댄스.sb3

Chapter 06 컴퓨터에서 가져오기 및 컴퓨터에 저장하기 • 43

CHAPTER 07 창의 놀이

> **학습 목표**
>
> • 패턴을 인식하고 순서에 따른 반복 동작을 알아 봅니다.

패턴인식 및 알고리즘

댄스 동작

지효는 친구들과 댄스 활동 모임에 가는 것을 좋아해요.
그런데 친구들에 비해 춤의 패턴을 외우는 것이 너무 어렵나봐요.
우리가 지효를 위해 반복되는 패턴을 알려주면 어떨까요? ^^

이번에 준비하는 댄스는 아래 그림처럼 5가지 동작으로 되어 있어요.
반복하여 노래에 맞춰 동작을 합니다.

지효가 어느 부분에서 동작을 잊었나봐요.
여러분이 어떤 동작인지 알려주세요.

01 빨간 네모 안에 들어갈 동작은 무엇인가요? 동작에 동그라미를 그려보세요.

Chapter 07 코딩 놀이
이벤트를 이용한 현관문과 창문 제어하기

학습목표
- 이벤트 블록의 사용 방법을 알아봅니다.
- 시작할 때의 이벤트와 특정 스프라이트를 클릭했을 때의 이벤트를 알아봅니다.

배울 내용 미리보기

핵심놀이 이벤트 알아보기

- 이벤트는 블록 코딩을 통해 일어나는 사건 혹은 발생에 따른 응답을 할 수 있도록 만들어 주는 것을 의미합니다.
- 처음 시작했을 때, 혹은 특정 스프라이트를 클릭했을 때 처럼 특정 상황이 시작될 때 응답해 주는 블록을 의미합니다.

◀ 시작하기(▶)를 클릭했을 때

◀ 스페이스 키를 눌렀을 때

◀ 이 스프라이트를 클릭했을 때

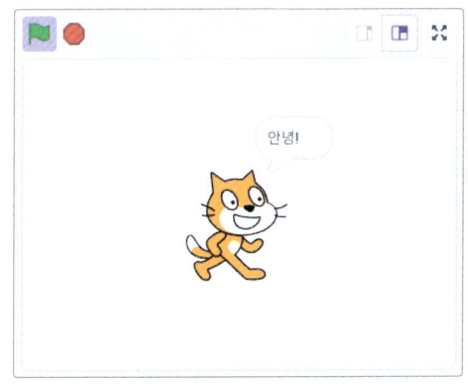

46 • 창의코딩놀이 Lesson 3

01 시작하기(🚩) 및 스프라이트를 클릭했을 때 상황 만들기

❶ 스크래치(Scratch)를 실행한 후 [파일]-[컴퓨터에서 가져오기]를 클릭한 다음 [열기] 대화상자에서 위치(07장 〉 불러올파일) 및 파일 이름(집)을 선택하고 [열기]를 클릭합니다. 문과 창문 스프라이트에서 [모양]을 클릭하여 스프라이트의 모양을 확인합니다.

❷ 문 스프라이트의 [코드] 탭에서 [이벤트] 팔레트의 🚩클릭했을 때 블록을 드래그하여 스크립트 창으로 이동합니다.

❸ [형태] 팔레트의 모양을 문_열기 (으)로 바꾸기 블록을 드래그하여 스크립트 창의 🚩클릭했을 때 블록 아래에 연결한 후 블록의 목록 단추(▼)를 클릭한 다음 [문_닫기]를 클릭합니다.

❹ 같은 방법으로 [이벤트] 및 [형태] 팔레트를 이용하여 다음과 같이 블록을 연결합니다.

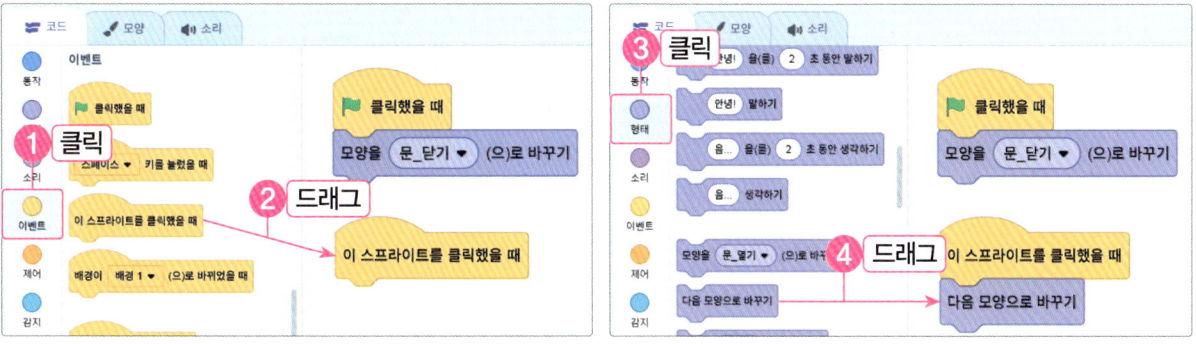

Chapter 07 이벤트를 이용한 현관문과 창문 제어하기 • 47

02 창문의 블록 코딩 및 시작하기

❶ 창문 스프라이트를 선택 후 [코드] 탭의 [이벤트] 및 [형태] 팔레트를 이용하여 스크립트 창에 다음과 같이 블록을 연결합니다.

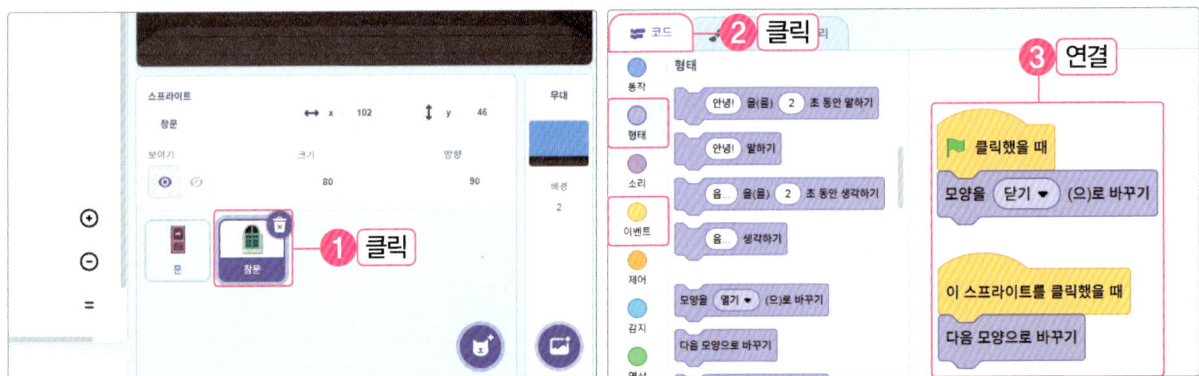

❷ 블록 코딩의 실행을 위해 시작하기(🚩)를 클릭 후 문과 창문의 처음 상태를 확인하고 문과 창문을 클릭하여 열고 닫히는지 확인합니다.

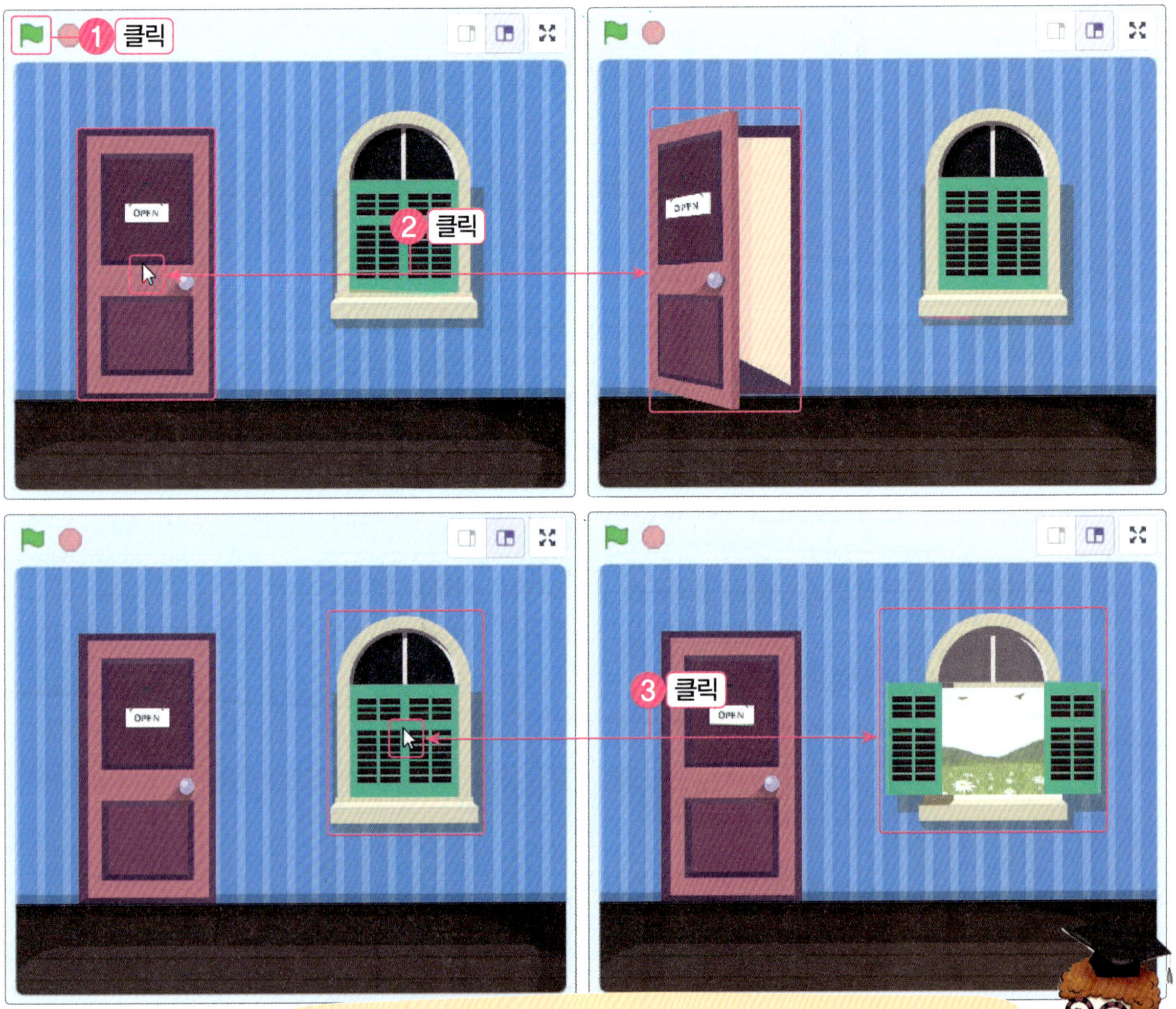

> 시작하기(🚩)를 클릭할 때 문과 창문 모양이 닫힌 모양으로 시작되며, 문과 창문을 클릭할 때마다 열고 닫힘이 전환됩니다.

CHAPTER 07 문제 해결 미션 수행하기

미션 1 '보물찾기.sb3' 파일을 열고 아래의 조건에 따라 무대를 만들어 실행해 보세요.

보물 찾기 게임 – 시작하기()를 클릭했을 때 나오는 상자에서 하나를 클릭!, 보물이 나오면 승리!

시작하기를 클릭했을 때
- 모양을 닫기로 바꾸기
- 무작위 위치로 이동하기

스프라이트를 클릭했을 때
- 모양을 열기로 바꾸기

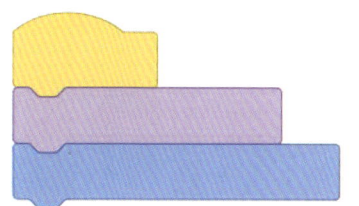
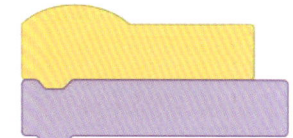

시작하기()를 클릭 후 임의의 위치에 표시된 2개의 상자 중에서 보물이 있는 상자를 먼저 찾아 보세요.

Chapter 07 이벤트를 이용한 현관문과 창문 제어하기 • 49

CHAPTER 08 창의 놀이

학습 목표

- 논리적 사고력과 정확한 결과를 위한 디버깅 방법을 알아봅니다.

논리적 사고 및 디버깅

지금부터 비밀번호 게임을 시작해 볼거예요.

와!! 재미있겠다~^^

그럼, 저희는 무얼 할까요?

사랑이가 [암호화]가 되어서 비밀번호를 만들고 빠꼼이가 [복호화]가 되어 단서를 찾아 비밀번호를 알아내는 게임이에요.

비밀번호 찾기 규칙

규칙1. 비밀번호는 4자리입니다.
규칙2. 1에서 6 사이의 숫자만 사용합니다.(주사위처럼).
규칙3. 숫자는 중복되어 사용할 수 없어요.

비밀번호를 만들어 적었어.
빠꼼아 이제 맞춰봐~^^

에라 모르겠다!!
4513

숫자 4는 올바른 곳에 위치하고 숫자 5와 3은 맞지만 틀린 곳에 있어~

그렇다면??
4325

숫자 4와 3은 올바른 곳에 위치하고 숫자 5는 맞지만 틀린 곳에 있어~

뭔가 알것 같기도 하고~
뭐지?

우리 친구들이 맞춰 볼 수 있나요?
과연 비밀번호는 무엇일까요?

01 정답은 무엇일까요?

Chapter 08 코딩 놀이 — 순차 알고리즘을 이용한 대화 만들기

학습목표
- 순차 알고리즘의 정의에 대해 알아봅니다.
- 순차 알고리즘을 이용한 대화 만들기 방법을 알아봅니다.

배울 내용 미리보기

핵심놀이 — 순차 알고리즘 알아보기

- 문제 해결을 위한 처리 과정을 순서적으로 진행하는 코딩입니다.
- 알고리즘의 가장 기본적인 방법으로 동작이나 명령을 순서대로 블록을 쌓아 만듭니다.

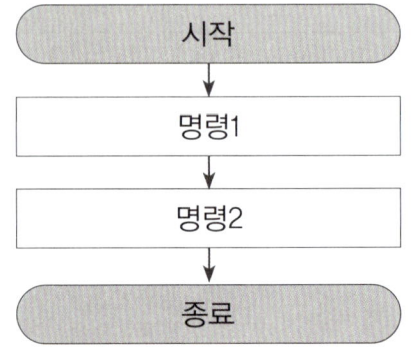

시작 → 명령1 → 명령2 → 종료

순서도의 그림처럼 순차 알고리즘은 화살표가 가리키는 순서대로 명령을 실행해요.

52 • 창의코딩놀이 Lesson 3

01 선생님의 대화 만들기

❶ [수학수업] 파일을 불러온 후 [선생님] 스프라이트의 [코드] 탭에서 [이벤트] 및 [형태] 팔리트를 이용하여 다음과 같이 블록을 연결하고 내용을 수정합니다.

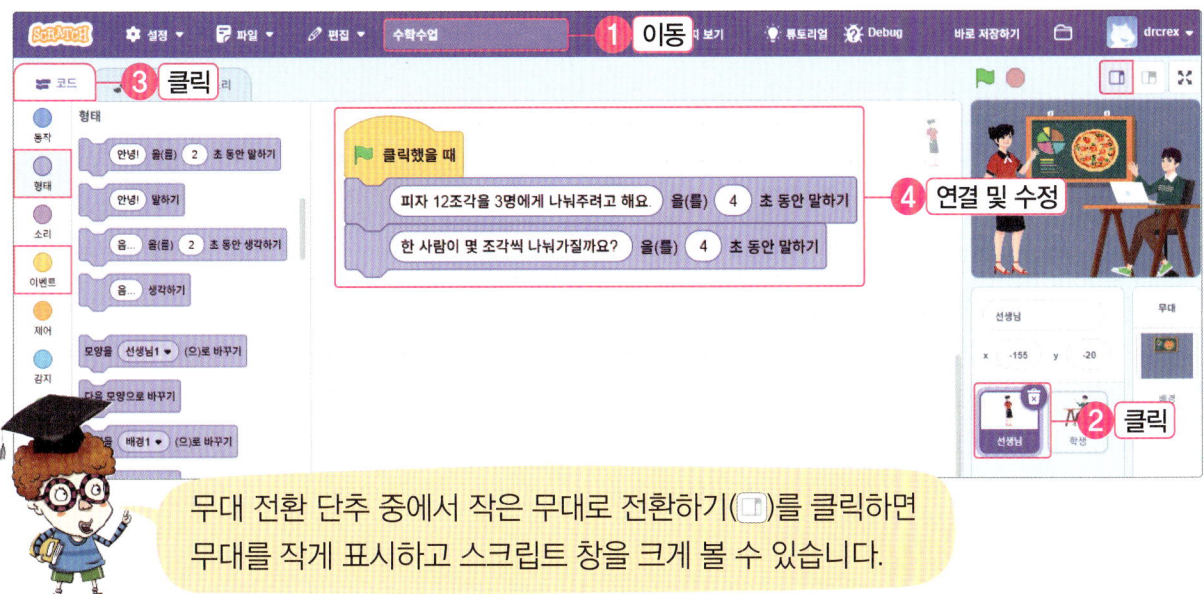

무대 전환 단추 중에서 작은 무대로 전환하기(▢)를 클릭하면 무대를 작게 표시하고 스크립트 창을 크게 볼 수 있습니다.

STOP! 여기서 잠깐!

스크립트 창의 블록 연결하기

[블록] 탭에서 [이벤트] 및 [형태] 팔레트를 이용하여 아래의 순서와 같이 연결한 후 내용을 수정합니다.

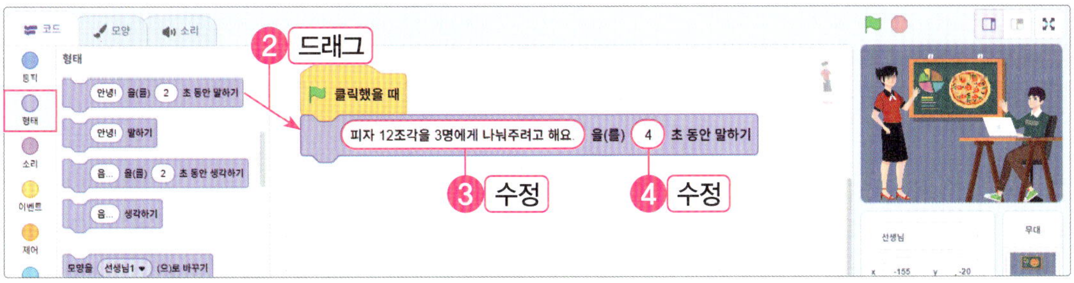

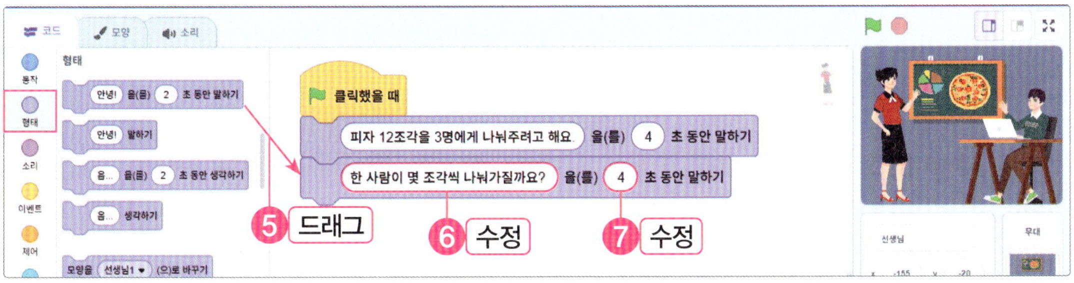

Chapter 08 순차 알고리즘을 이용한 대화 만들기 • 53

02 학생의 대화 만들기

❶ [학생] 스프라이트의 [코드] 탭에서 [이벤트] 및 [제어], [형태] 팔레트를 이용하여 다음과 같이 블록을 연결하고 내용을 수정합니다.

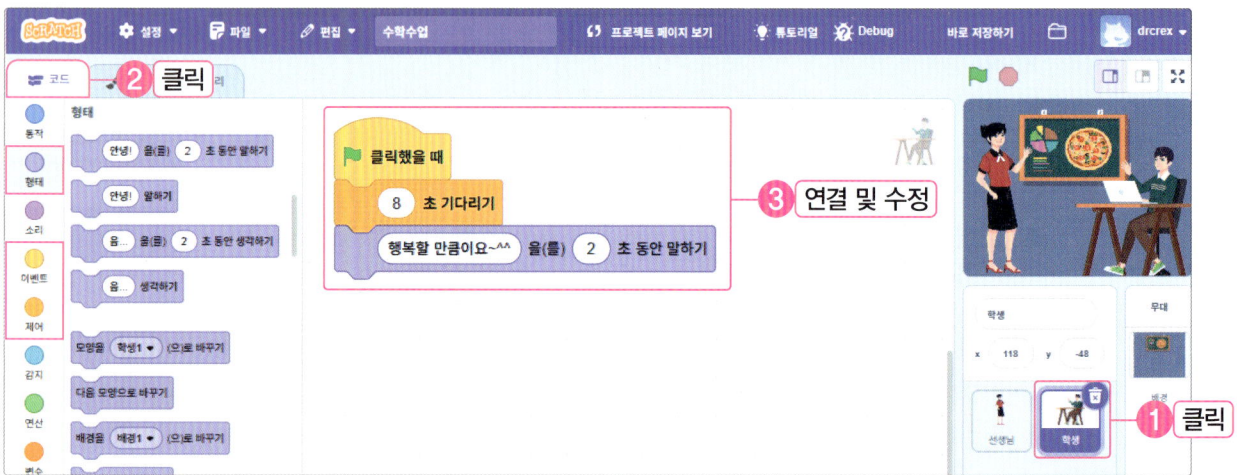

❷ 무대의 시작하기(🚩)를 클릭한 후 선생님과 학생의 순차적인 대화 내용을 확인합니다.

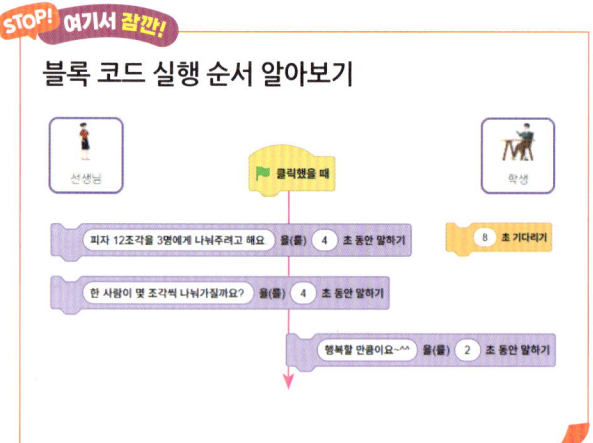

CHAPTER 08 문제 해결 미션 수행하기

미션 1 '캠핑장.sb3' 파일을 열고 무대의 결과를 참고하여 아빠, 엄마, 아들의 대화를 만들어 보세요.

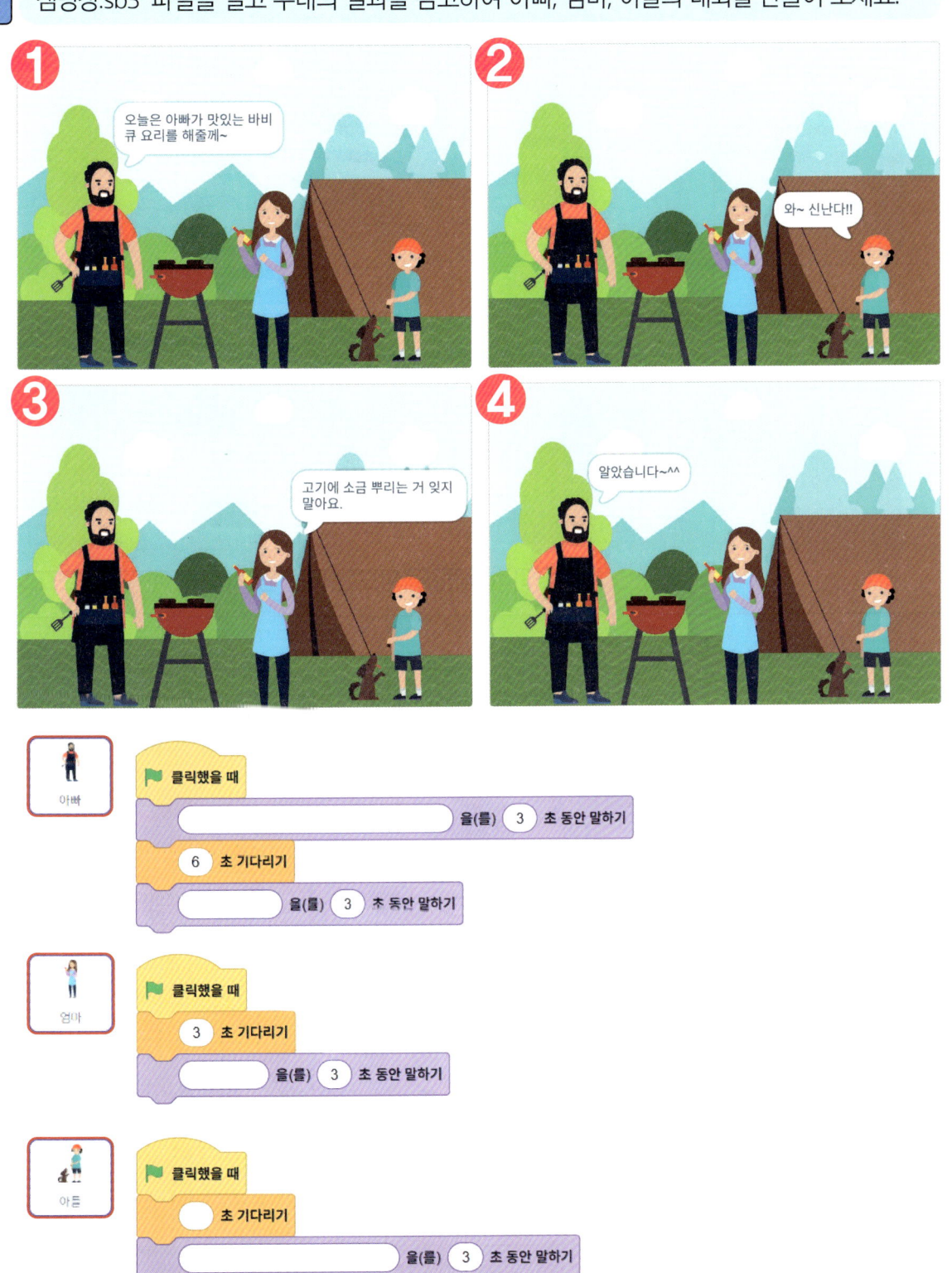

Chapter 08 순차 알고리즘을 이용한 대화 만들기

CHAPTER 09 창의 놀이

> **학습 목표**
>
> • 절차에 따른 알고리즘을 이해하고 문제의 해결 능력을 높입니다.   **문제 해결 능력**

자동화 공정

재석이 아빠는 자동화 로봇이 제품을 만드는 곳에서 관리자로 근무하십니다.

이 회사에서는 완성 제품이 만들어지기까지 4번의 작업 공정을 거쳐야 하는데 모두 로봇이 만들고 있네요~^^

자동화 공정

01 자동화 공정을 참고하여 공정별로 만들어지는 제품을 나열했습니다.
공정별 제품을 패턴으로 나열했을 때 빨간색 테두리 부분에 들어갈 제품의 모습은 어떤 모습일까요?

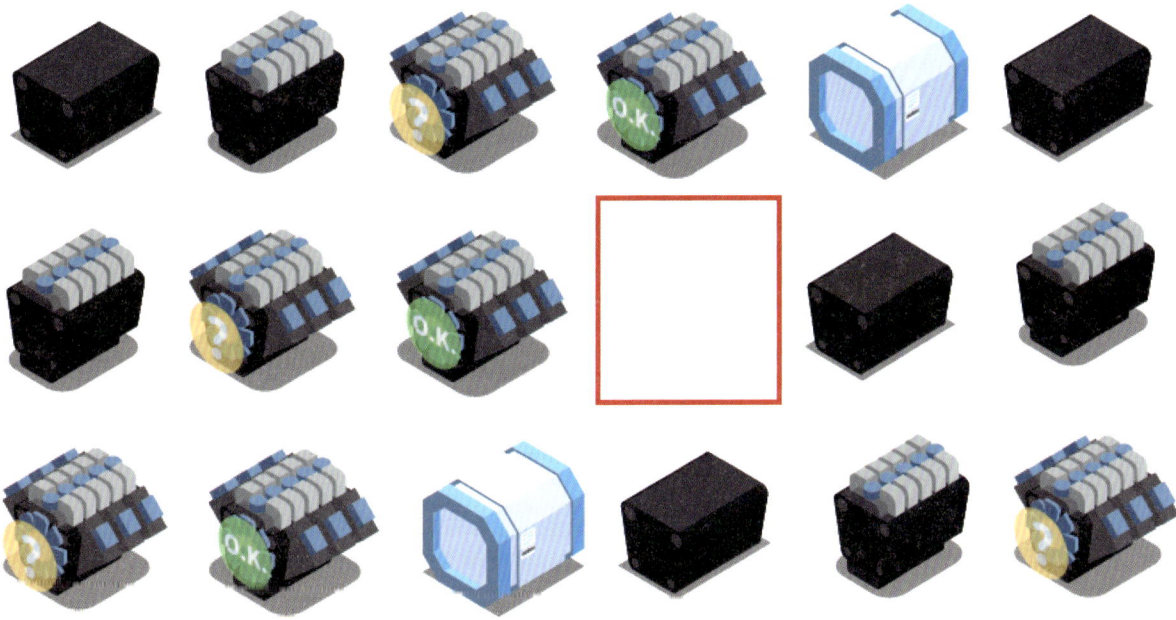

02 자동화 시스템에서 제2작업 공정까지 거친 후 만들어진 제품은 어떤 모습일까요?

Chapter 09 코딩 놀이

방향키를 이용한 주차 배우기

- 방향키를 이용하는 이벤트를 알아봅니다.
- 앞뒤로 이동하기 및 회전 방법을 알아봅니다.

배울 내용 미리보기

핵심놀이 왼쪽/오른쪽으로 회전하는 방법과 움직임을 만드는 방법 알아보기

- `방향으로 15 도 회전하기` : 왼쪽 방향으로 입력한 값만큼 회전합니다.
  (입력값이 음수인 경우 오른쪽 방향으로 움직임)

- `방향으로 15 도 돌기` : 오른쪽 방향으로 입력한 값만큼 회전합니다.
  (입력값이 음수인 경우 왼쪽 방향으로 움직임)

- `10 만큼 움직이기` : 입력한 값만큼 스프라이트의 설정 방향으로 움직입니다.
  (입력값이 음수인 경우 설정 방향의 반대 방향으로 움직임)

 설정 방향은 스프라이트 정보에서 확인할 수 있어요.

01 위쪽과 아래쪽 화살표 키를 이용한 이동 만들기

❶ [주차장] 파일을 불러온 후 [자동차1] 스프라이트의 [코드] 탭에서 [이벤트] 팔레트의 스페이스 키를 눌렀을 때 블록을 드래그하여 스크립트 창으로 이동합니다. 위쪽 화살표 방향키로 변경하기 위해 스페이스 키를 눌렀을 때 블록의 목록 단추(▼)를 클릭 한 다음 [위쪽 화살표]를 클릭합니다.

❷ 앞으로 움직이는 동작을 만들기 위해 [동작] 팔레트의 10 만큼 움직이기 블록을 드래그하여 위쪽 화살표 키를 눌렀을 때 블록과 연결합니다.

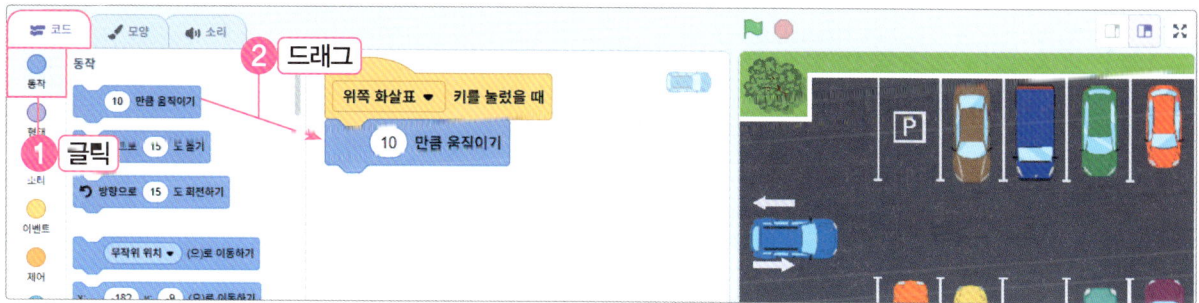

❸ 같은 방법으로 [이벤트] 및 [동작] 팔레트를 이용하여 아래쪽 화살표 키를 눌렀을 때 뒤로 가는 동작을 블록으로 연결한 후 이동값(-10)을 수정합니다.

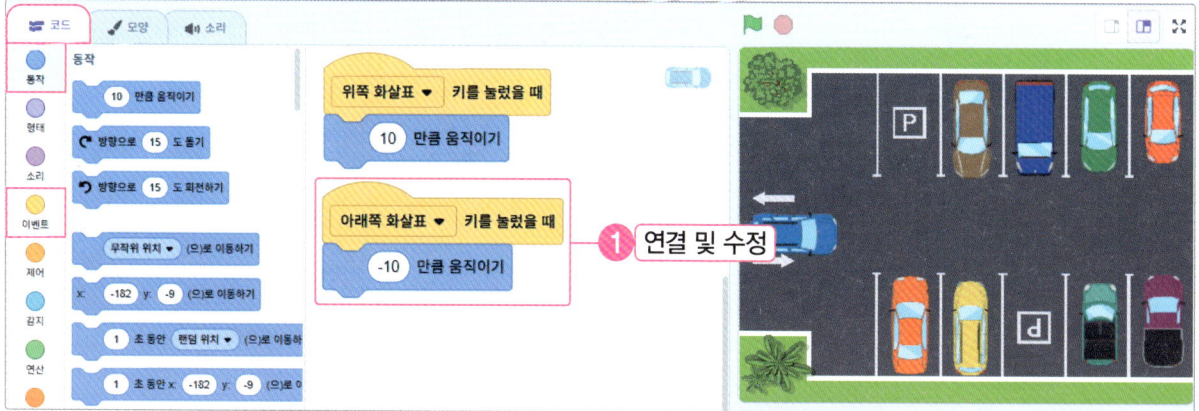

02 왼쪽과 오른쪽 화살표 키를 이용한 회전 만들기

❶ [자동차1] 스프라이트의 [코드] 탭에서 [이벤트] 및 [형태] 팔레트를 이용하여 스크립트 창에 다음과 같이 블록을 추가 연결 및 수정합니다.

STOP! 여기서 잠깐!

블록 복사하기

복사할 블록 또는 블록 묶음의 가장 위쪽 블록에서 마우스 오른쪽 단추를 눌러 바로 가기 메뉴의 [복사하기]를 클릭하면 해당 블록 또는 블록 묶음이 복사되어 표시됩니다.

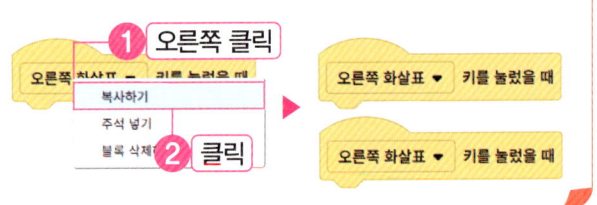

❷ 시작하기(🏁)를 클릭 후 키보드의 방향키(→/←/↑/↓)를 이용하여 무대에서 자동차를 움직여 주차 놀이를 실행해 봅니다.

시작하기(🏁)를 클릭한 후 키보드의 방향키를 이용하여 2개의 [P] 구역에 주차하는 연습을 해보세요.

CHAPTER 09 문제 해결 미션 수행하기

미션 1 '도로주행.sb3' 파일을 열고 아래의 조건에 따라 무대를 만들어 실행해 보세요.

도로주행 연습 – 시작하기()를 클릭했을 때 나오는 자동차로 도로주행 및 주차 연습을 해보세요.

위쪽 화살표 키를 눌렀을 때
- 10만큼 움직이기

아래쪽 화살표 키를 눌렀을 때
- -10만큼 움직이기

왼쪽 화살표 키를 눌렀을 때
- 왼쪽 방향으로 15도 회전하기

오른쪽 화살표 키를 눌렀을 때
- 오른쪽 방향으로 15도 돌기

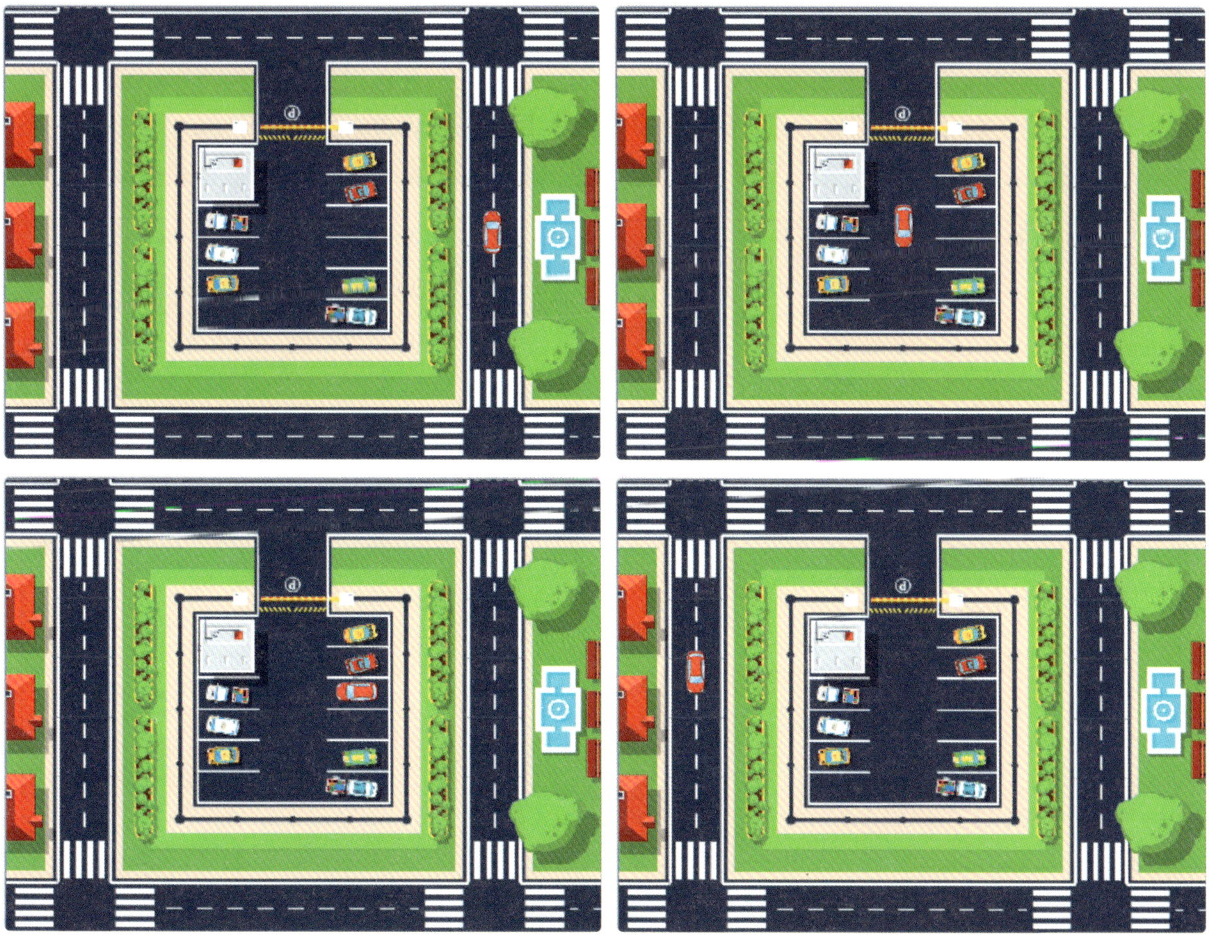

CHAPTER 10 창의 놀이

> **학습 목표**
> ● 패턴을 인식하고 논리적 문제의 해결 방법을 알아봅니다.

패턴인식 및 논리적 사고

카드 맞추기 게임

지금 선생님이 40장의 카드를 가지고 있어요.
이 카드 중에서 한 장을 뽑아 카드를 알아맞추는 추측 게임을 해볼께요.

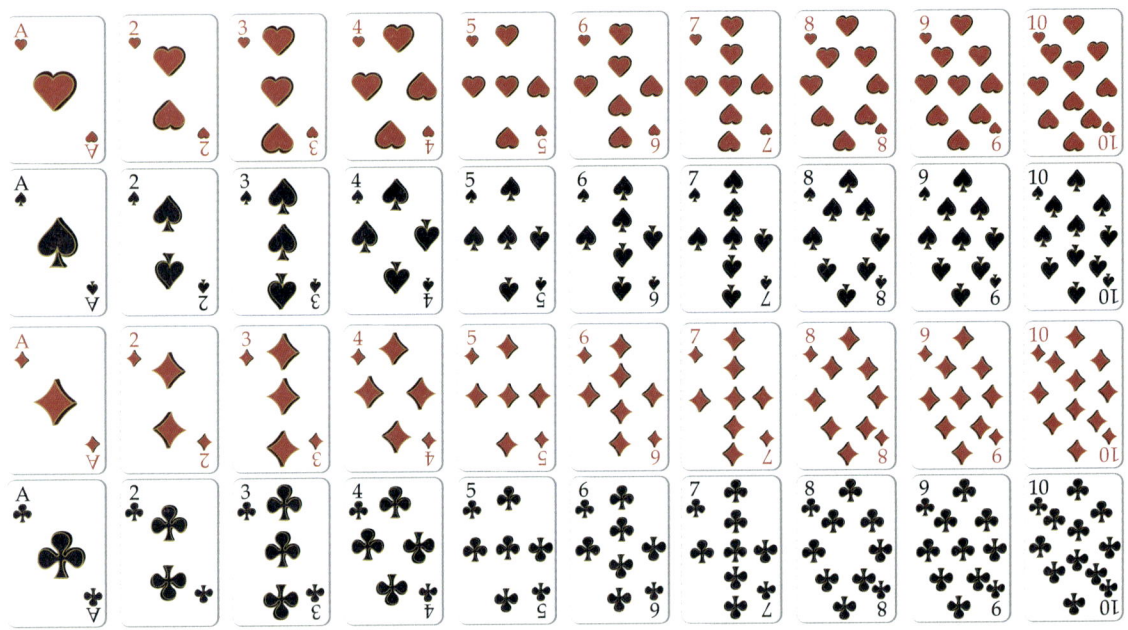

추측 게임은 단서를 듣고 그것이 무엇인지 알아내는 게임입니다.

아래의 단서를 통해 카드를 추측할 수 있어요.
선생님은 과연 어떤 카드를 뽑았을까요?

| 질문1 | 카드의 색은 빨간색 인가요? |
| 단서1 | 네, 맞습니다. |

| 질문2 | 숫자 7보다 큰가요? |
| 단서2 | 네, 맞습니다. |

| 질문3 | 숫자는 짝수인가요? |
| 단서3 | 아닙니다. |

| 질문4 | 하트 모양인가요? |
| 단서4 | 네, 맞습니다~^^ |

01 정답 키드는 무엇일까요?

Chapter 10 코딩 놀이 — 디버깅 알아보기

학습목표
- 디버깅의 정의에 대해 알아봅니다.
- 블록 코딩의 오류를 찾아 수정하는 방법을 알아봅니다.

배울 내용 미리보기

핵심놀이 디버깅의 정의를 알아보기

- 디버깅이란 코딩의 오류를 찾아 수정하는 과정입니다.
- 의도하지 않은 결과가 나오거나 작성 중 실수에 의해 생긴 오류를 찾아 수정하는 작업입니다.

디버깅을 위한 단계 과정입니다.
1. 프로그램 테스트(결과 확인)
2. 실수 찾기
3. 실수 수정
4. 다시 테스트(결과 확인)

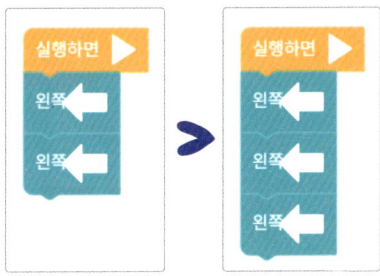

64 • 창의코딩놀이 Lesson 3

01 디버깅을 위한 실행 및 실수 찾기

❶ [대화] 파일을 불러온 후 [여왕]과 [마법사] 스프라이트의 블록을 확인하고 [시작하기(▶)]를 클릭합니다

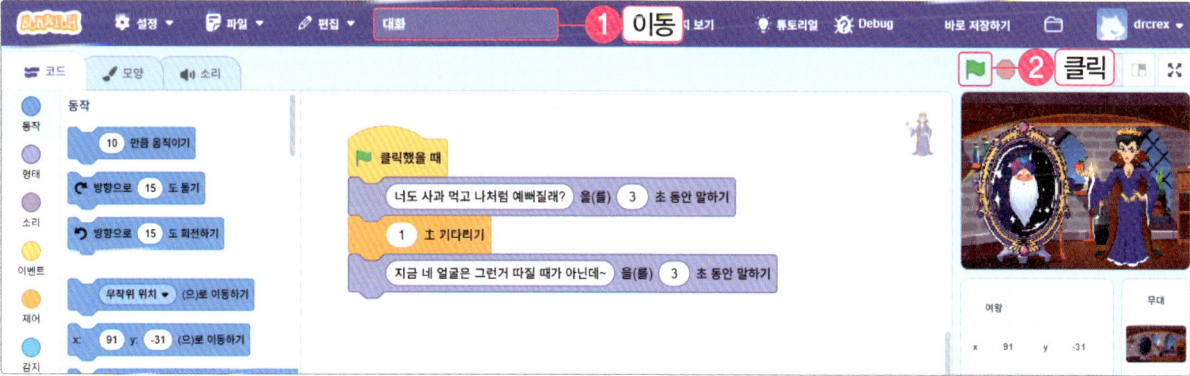

❷ 가장 위쪽 무대의 번호 순서에 따라 실행 되도록 만들려고 할 때 현재 [여왕]과 [마법사] 스프라이트의 수정이 필요한 부분은 어디인지 찾아보세요.

02 오류 수정(디버깅) 및 다시 실행하기

① [여왕] 스프라이트의 [코드] 탭에서 다음과 같이 `1 초 기다리기` 블록의 시간을 `3 초 기다리기`로 수정하여 마법사의 첫 번째 대화가 끝날 때까지 기다리는 시간을 수정합니다.

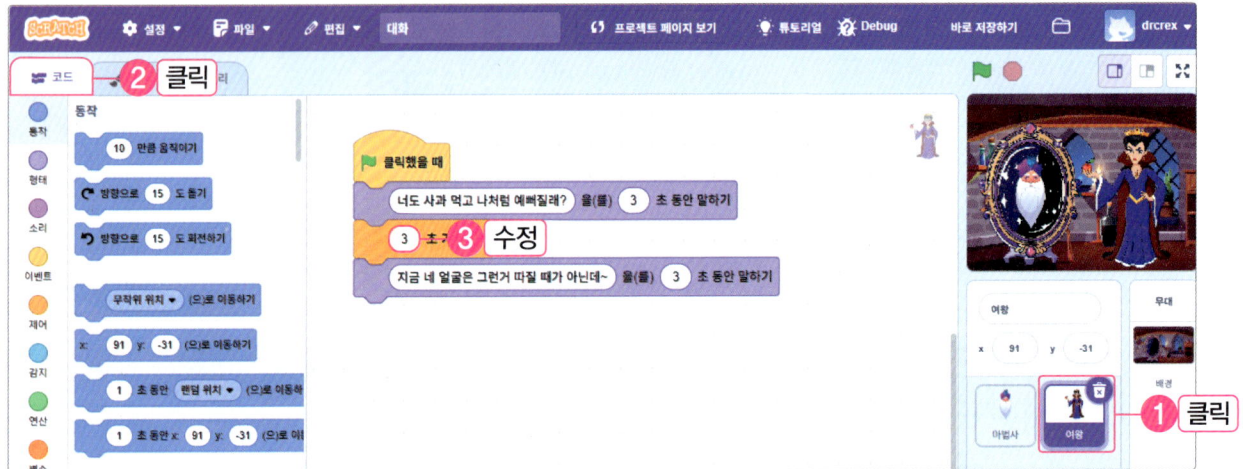

② [마법사] 스프라이트의 [코드] 탭에서 첫 번째 모양을 '마법사1' 모양으로, 블록 코드의 뒤쪽 모양을 '마법사2' 모양으로 수정합니다.

③ 무대의 시작하기(🚩)를 클릭한 후 오류 부분이 수정되어 무대의 번호 순서대로 대화가 이루어지는지 확인합니다.

CHAPTER 10 문제 해결 미션 수행하기

미션 1 '친구소개.sb3' 파일을 열고 무대 결과를 참고하여 펭귄과 바다표범의 대화를 수정해 보세요.

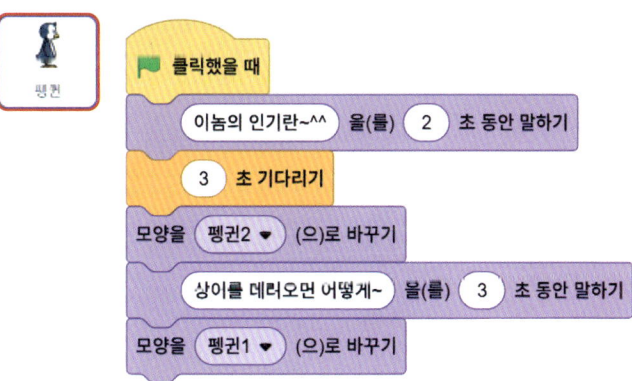
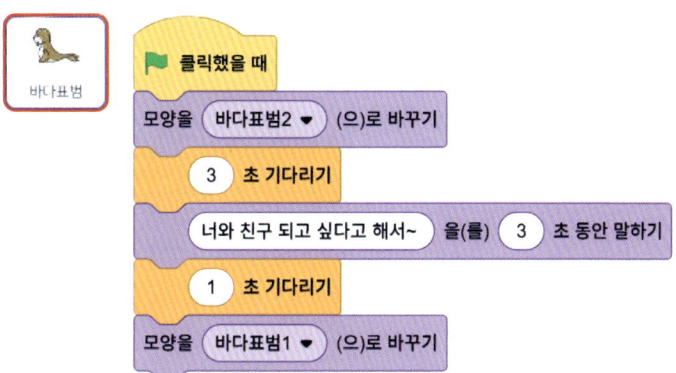

CHAPTER 11 창의 놀이

학습 목표

- 절차적 사고력을 높여 문제 해결 방법을 알아봅니다.

절차적 사고 능력

제품 만들기

아래의 그림은 제품을 생한하는 제작 공정이 컨베이어 벨트를 타고 각 단계마다 이루어져, 제품을 조립, 완성하는 과정으로 이루어지고 있음을 보여줍니다.

01 작업 공정에서 를 생산하는 기계는 어떤 기계일까요?

02 작업 공정에서 가 들어간 후 제품이 만들어져 나왔습니다. 어떤 기계일까요?

03 제품 중 를 넣었을 때  공정을 통해 만들어지는 제품은 무엇일까요?

Chapter 11 창의 놀이

Chapter 11 코딩놀이 — 반복 알고리즘 알아보기

학습목표
- 반복 알고리즘의 정의와 사용법에 대해 알아봅니다.
- 확장 기능의 사용과 도장찍기 사용법에 대해 알아봅니다.

 배울 내용 미리보기

핵심놀이 — 반복 알고리즘 알아보기

- 알고리즘의 일정한 규칙이 반복될 때 사용합니다.
- 반복되는 명령의 코딩을 단순화하여 이해하기 쉽습니다.

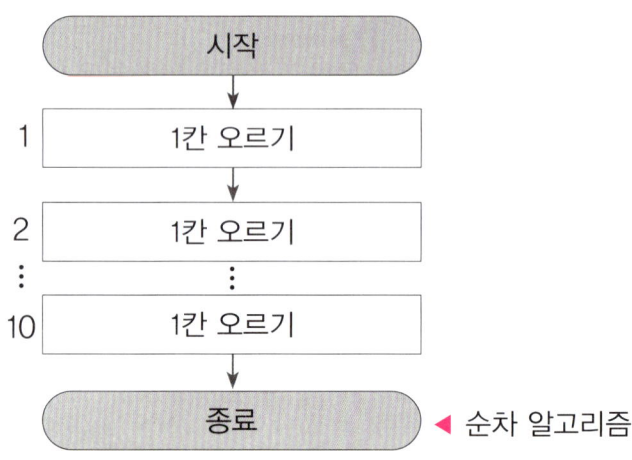
◀ 순차 알고리즘

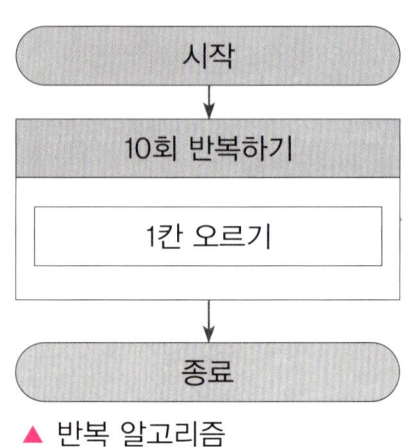
▲ 반복 알고리즘

01 스크래치 확장 기능 추가하기

❶ [상자] 파일을 불러온 후 화면 왼쪽 아래의 [확장 기능 추가하기(🧩)]를 클릭합니다.

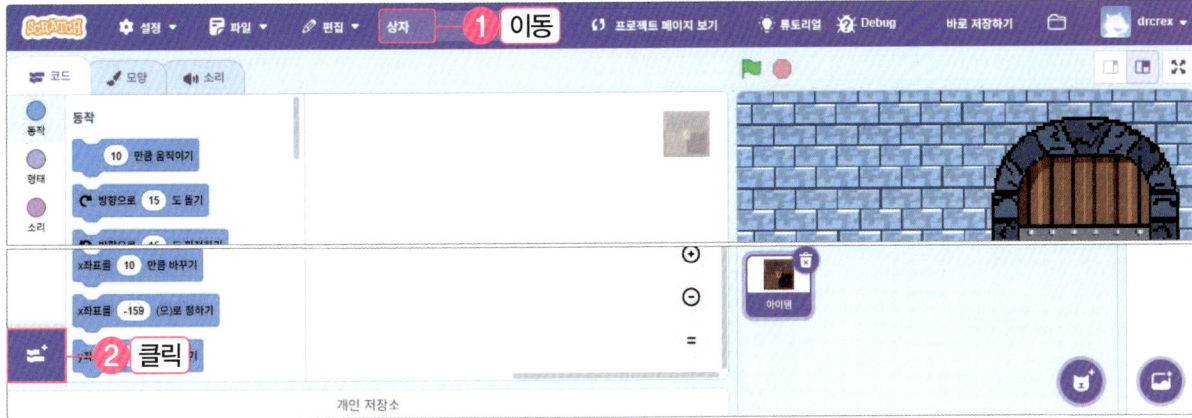

❷ 확장 기능 고르기 화면이 표시되면 [펜]을 클릭한 후 [뒤로(←)]를 클릭하여 [펜] 팔레트를 추가합니다.

❸ [아이템] 스프라이트의 [코드] 탭에서 [이벤트] 및 [펜] 팔레드를 이용하여 다음과 같이 블록을 연결합니다.

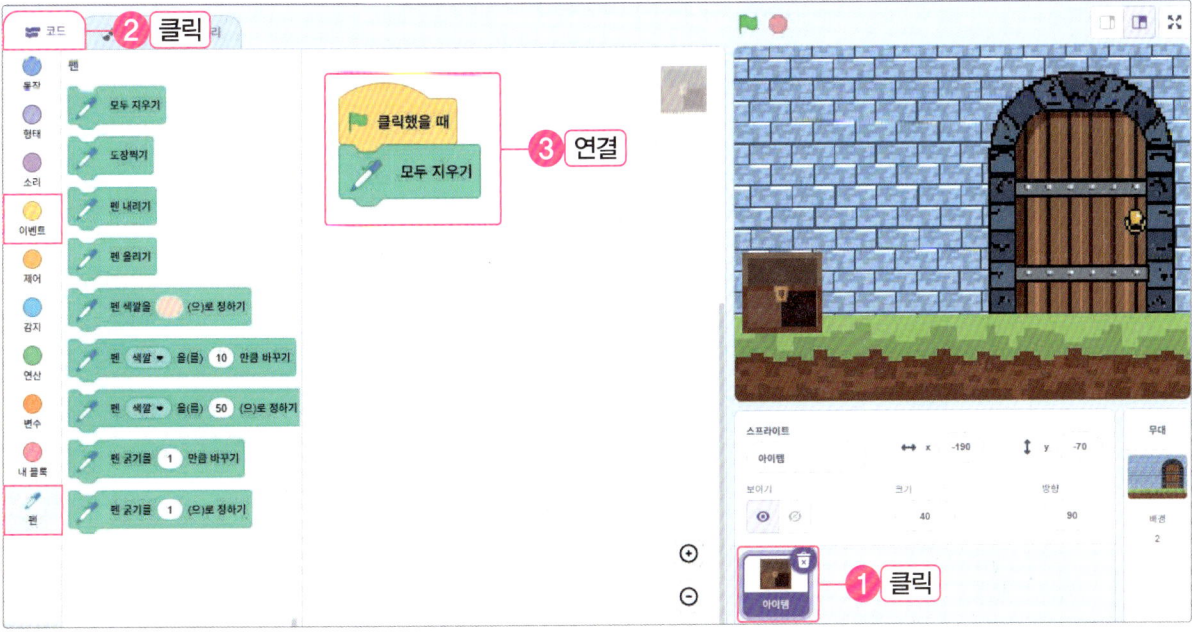

Chapter 11 반복 알고리즘 알아보기 • 71

02 반복하여 이동하며 아이템 스프라이트 도장찍기

❶ [아이템] 스프라이트의 [코드] 탭에서 [동작] 및 [제어], [펜] 팔레트를 이용하여 다음과 같이 블록을 추가 연결합니다.

※ 시작하기를 클릭했을 때 다음 기능을 실행합니다.
- 모두 지우고 x 위치 -190, y 위치 -70으로 이동하기
- 4번 반복하여 다음 기능을 실행하기
 ·· 1초 기다렸다가 80만큼 움직인 다음 도장찍기

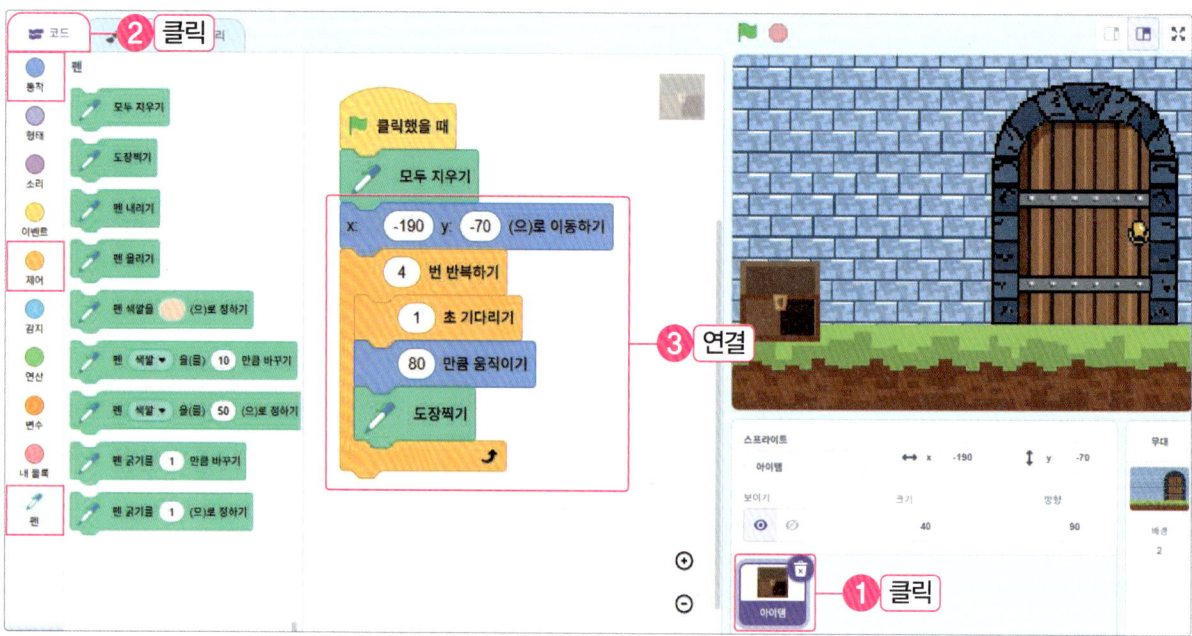

❷ 블록 코딩이 완성되면 시작하기(🏁)를 클릭 후 아이템이 도장찍기로 복제되어 4개가 무대에 표시되는지 확인합니다.

[펜] 팔레트의 도장찍기 블록은 스프라이트의 모양을 그대로 무대에서 도장 찍듯이 그림 이미지로 찍는 것을 말합니다.

CHAPTER 11 문제 해결 미션 수행하기

미션 1 '다리놓기.sb3' 파일을 열고 아래의 조건에 따라 무대를 만들어 보세요.

시작하기(🏁)를 클릭했을 때 상자 스프라이트를 도장찍기를 이용하여 다리를 서로 연결합니다.

시작하기를 클릭했을 때 다음 기능을 실행합니다.
- 모두 지우고 x위치 -90, y위치 -40으로 이동하기
- 4번 반복하여 다음 기능을 실행합니다.
  ·· 도장찍기 후 1초 기다렸다가 45만큼 움직이기

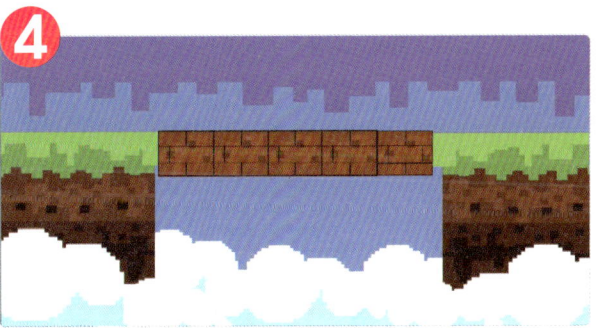

미션 2 앞에서 완성한 상자 중에서 4개의 상자는 이미지고 다른 하나는 스프라이트입니다.
도장찍기의 이미지에는 세모(△), 스프라이트에는 동그라미(○)를 그려보세요.

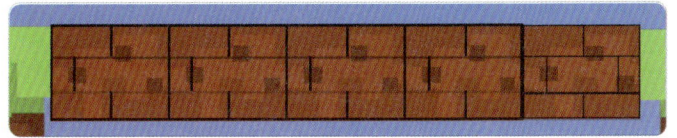

CHAPTER 12 창의 놀이

학습 목표

- 작업 처리 순서를 단계화하는 순서도의 사용법을 알아봅니다.

알고리즘

순서도 알아보기

순서도란 작업의 처리 순서를 단계화하고 문제를 이해하기 쉽도록 약속된 도형을 이용하여 흐름을 기호화 하는 것입니다.

순서도	이름	내용
	시작/끝	시작과 끝을 표시합니다.
	처리	처리 내용을 표시합니다.
	판단	조건을 비교한 후 조건에 따른 흐름을 나눕니다.
	입력	입력에 관련된 내용을 표시합니다.
	준비	준비에 관련된 내용을 표시합니다.
	출력(프린터)	출력과 관련된 내용을 표시합니다.
	반복	처리 내용에 관한 반복(횟수)을 표시합니다.

순서도는 문제 내용을 이해하고 분석을 통해 흐름을 알아야 작성할 수 있습니다.

01 아침에 일어난 시온이가 학교에 갈 준비를 하려고 합니다.
아래의 내용을 보고 문제의 빈 칸을 완성해 보세요.

시온이의 아침 일과

- 07시 30분 : 일어나기
- 07시 40분 : 양치 및 세수하기
- 08시 10분 : 아침밥 먹기
- 08시 40분 : 책가방 및 준비물 챙기기
- 08시 50분 : 학교로 등교하기

시작 → 일어나기 → [　　] → 아침밥 먹기 → [　　] → 학교로 등교하기 → 종료

Chapter 12 코딩놀이 — 꽃잎으로 꽃 만들기

학습목표

- 모양의 중심점 위치 변경에 대해 알아봅니다.
- 꽃잎으로 반복 회전하면서 도장을 찍어 꽃을 만드는 방법에 대해 알아봅니다.

핵심놀이   중심점 알아보기

- 스프라이트의 이동 및 회전시 기준이 되는 점입니다.
- ⊕ 모양으로 스프라이트를 움직여 중심점을 변경할 수 있습니다(중심점 기준, 스프라이트 이동).

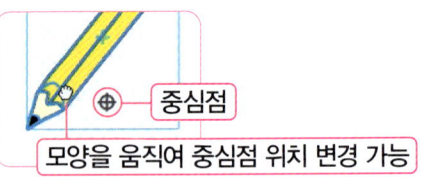

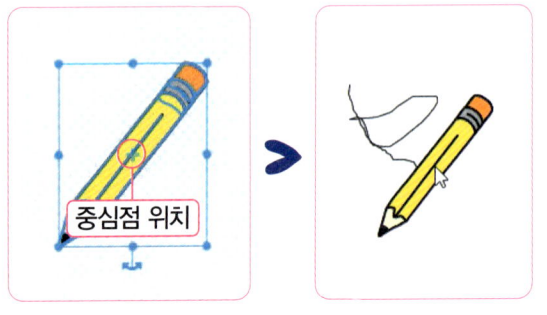

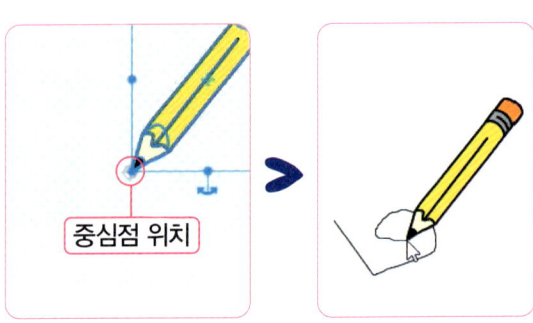

76 • 창의코딩놀이 Lesson 3

01 스크래치 확장 기능 추가하기

❶ [꽃잎] 파일을 불러온 후 [꽃잎] 스프라이트에서 [모양] 탭을 클릭합니다.

❷ [꽃잎1] 모양 편집 화면에서 [벡터로 바꾸기]를 클릭 후 꽃잎을 위로 드래그하여 중심점(⊕)의 위치를 꽃잎의 아래쪽으로 이동합니다.

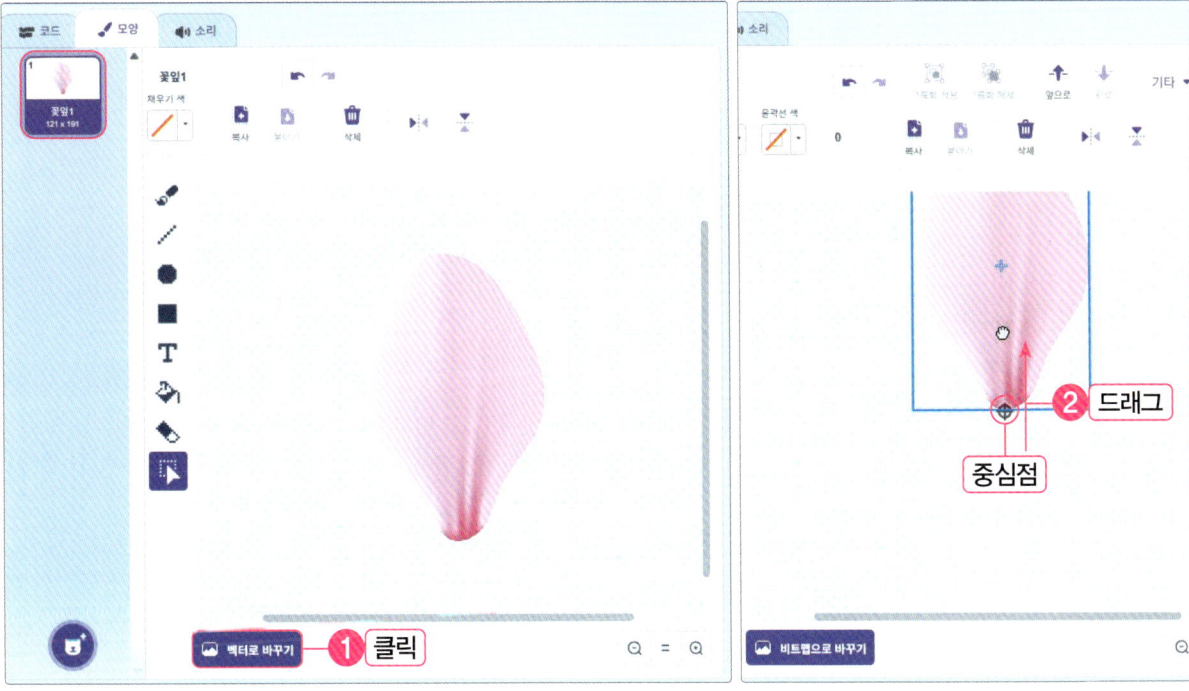

❸ [꽃잎] 스프라이트의 [코드] 탭에서 [이벤트] 및 [펜], [동작] 팔레트를 이용하여 다음과 같이 블록을 연결합니다.

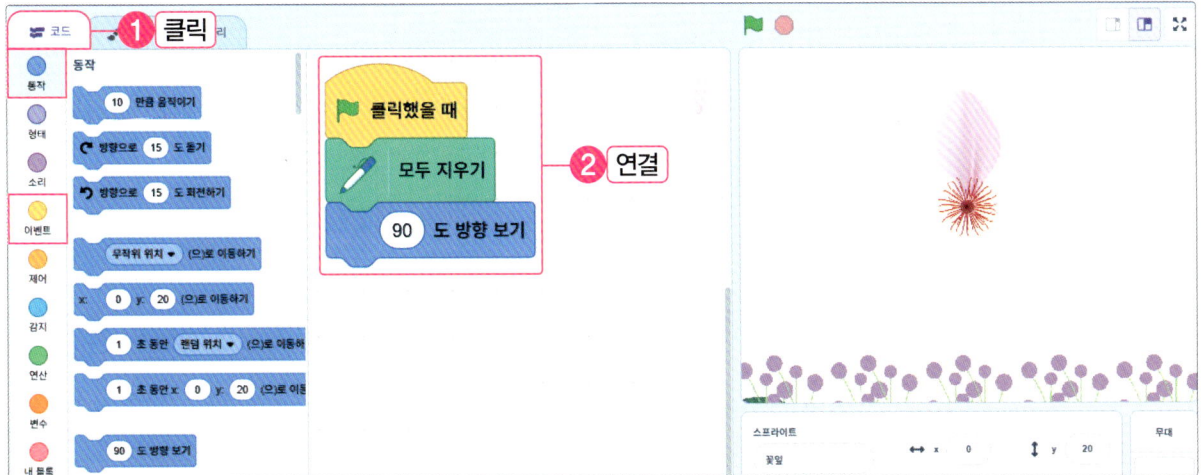

Chapter 12 꽃잎으로 꽃 만들기 • 77

02 반복 도장찍기를 이용하여 꽃잎으로 꽃 만들기

❶ [꽃잎] 스프라이트의 [코드] 탭에서 [제어] 및 [동작], [펜] 팔레트를 이용하여 다음과 같이 블록을 추가 연결하고 내용을 수정합니다.

※ 시작하기를 클릭했을 때 다음 기능을 실행합니다.
 - 모두 지우고 90도 방향 보기
 - 8번 반복하여 다음 기능을 실행하기
   ·· 도장찍고 오른쪽 방향으로 45도 돌기 및 1초 기다리기

❷ [시작하기(🏁)]를 클릭 후 꽃잎을 이용하여 반복 회전하면서 도장찍기로 꽃이 완성되는지 확인합니다.

CHAPTER 12 문제 해결 미션 수행하기

미션 1 '칠교놀이.sb3' 파일을 열고 아래 조건을 이용하여 바람개비를 만들어 보세요.

칠교조각의 모양에서 중심점을 왼쪽 끝 모서리 위치로 이동한 후 아래 블록 코드를 만들어 무대에서 결과 확인하기

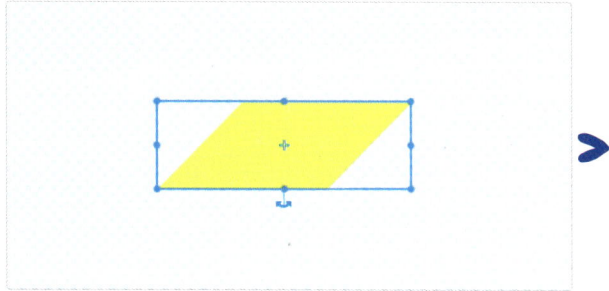 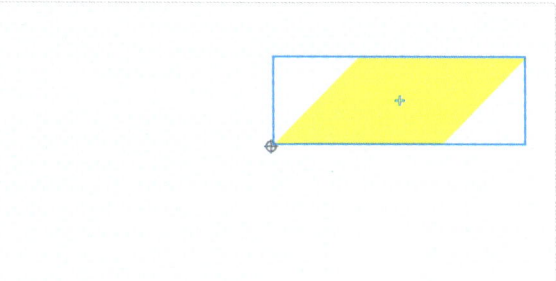

 시작하기를 클릭했을 때 다음 기능을 실행합니다.
- 모두 지우기
- 8번 반복하여 다음 기능을 실행합니다.
  ·· 0.5초 기다렸다가 도장찍기
  ·· 오른쪽 방향으로 45도 돌기

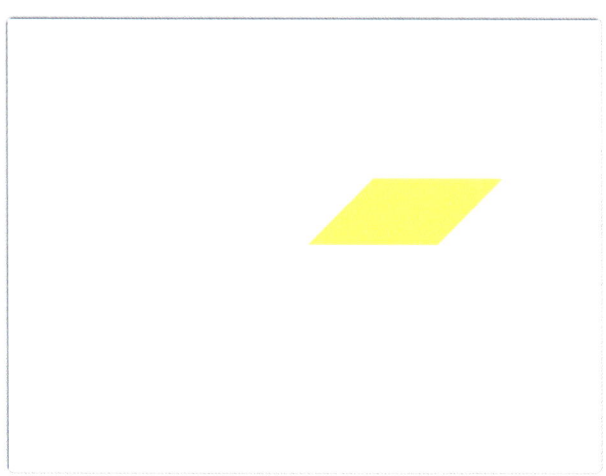 

CHAPTER 13 창의 놀이

학습 목표

- 절차에 따른 알고리즘을 이해하고 문제의 해결 능력을 높입니다.

순차적 사고 능력

라면 끓이기

시온이가 떡만두 라면을 끓여 먹으려고 합니다.

재료마다 익는 속도가 다르므로 맛있는 라면을 먹기 위해서는 재료를 넣는 순서를 잘 생각해서 넣어야 합니다. 재료의 익는 시간을 알아보고 넣는 재료 순서를 완성해 봅니다.

① 냉동만두 (4분)

② 물

③ 라면 (3분)

④ 떡 (2분)

⑤ 라면스프

얌얌! 쩝쩝!!~

라면 끓이기

01 라면을 끓이는 순서로 괄호 안에 들어갈 재료는 무엇입니까?

[물 끓이기] > [   ] > [라면] > [   ] > [라면스프]

02 라면의 국물맛을 시원하게 하기 위해 꽃게를 넣어 끓이려고 합니다.
5분 이상 끓여야 맛을 낼 수 있다는 꽃게는 어느 재료 앞에 넣어야 할까요?

❶ 라면　　　　❷ 떡　　　　❸ 냉동만두

03 우리 친구들이 라면을 끓일 때 넣는 재료를 적어 보세요.

Chapter 13 코딩 놀이 — 반복하여 마우스 포인터 위치로 이동하기

학습목표
- 무한 반복하기 블록에 대해 알아봅니다.
- 무작위 위치 또는 마우스 포인터의 위치로 이동하는 방법에 대해 알아봅니다.

핵심놀이 핵심 블록 알아보기

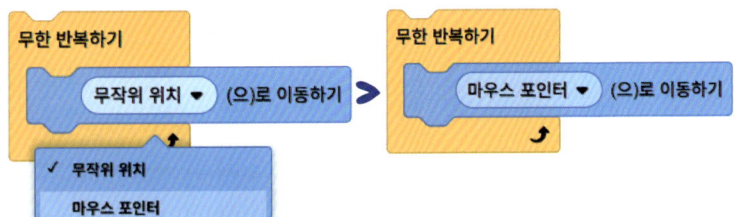

계속 반복하여 마우스 포인터 위치로 이동합니다.

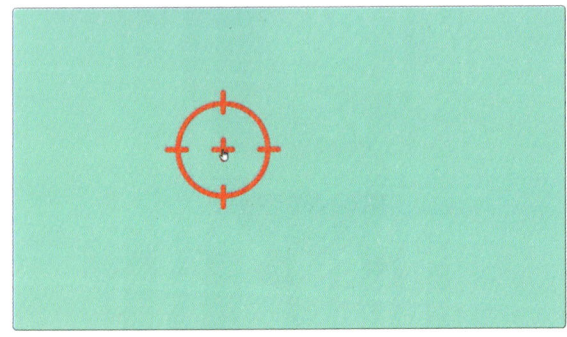
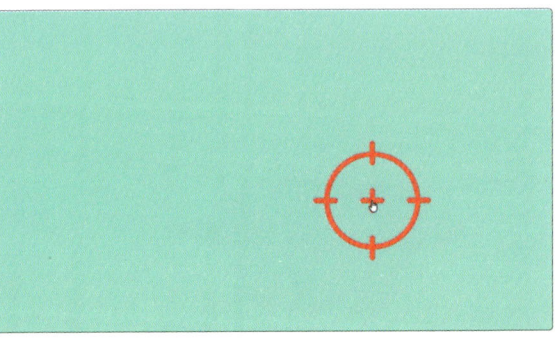

01 바람개비의 회전 만들기

❶ [바람개비] 파일을 불러온 후 [바람개비] 스프라이트의 [코드] 탭에서 [이벤트] 및 [동작] 팔레트를 이용하여 다음과 같이 블록을 연결합니다.

❷ 바람개비의 회전을 위해 [제어] 및 [동작] 팔레트를 이용하여 다음과 같이 블록을 추가 연결한 후 회전 값(30)을 수정합니다.

02 마우스 포인터를 따라다니는 바람개비 만들기

❶ [바람개비] 스프라이트의 [코드] 탭에서 [동작] 팔레트를 이용하여 다음과 같이 블록을 추가 연결한 후 목록 단추(▼)를 눌러 [마우스 포인터]로 수정합니다.

※ 시작하기를 클릭했을 때 다음 기능을 실행합니다.
- x 위치 0, y 위치0으로 이동한 후 90도 방향 보기
- 무한 반복하여 왼쪽 방향으로 30도 회전하며 마우스 포인터 위치로 이동하기

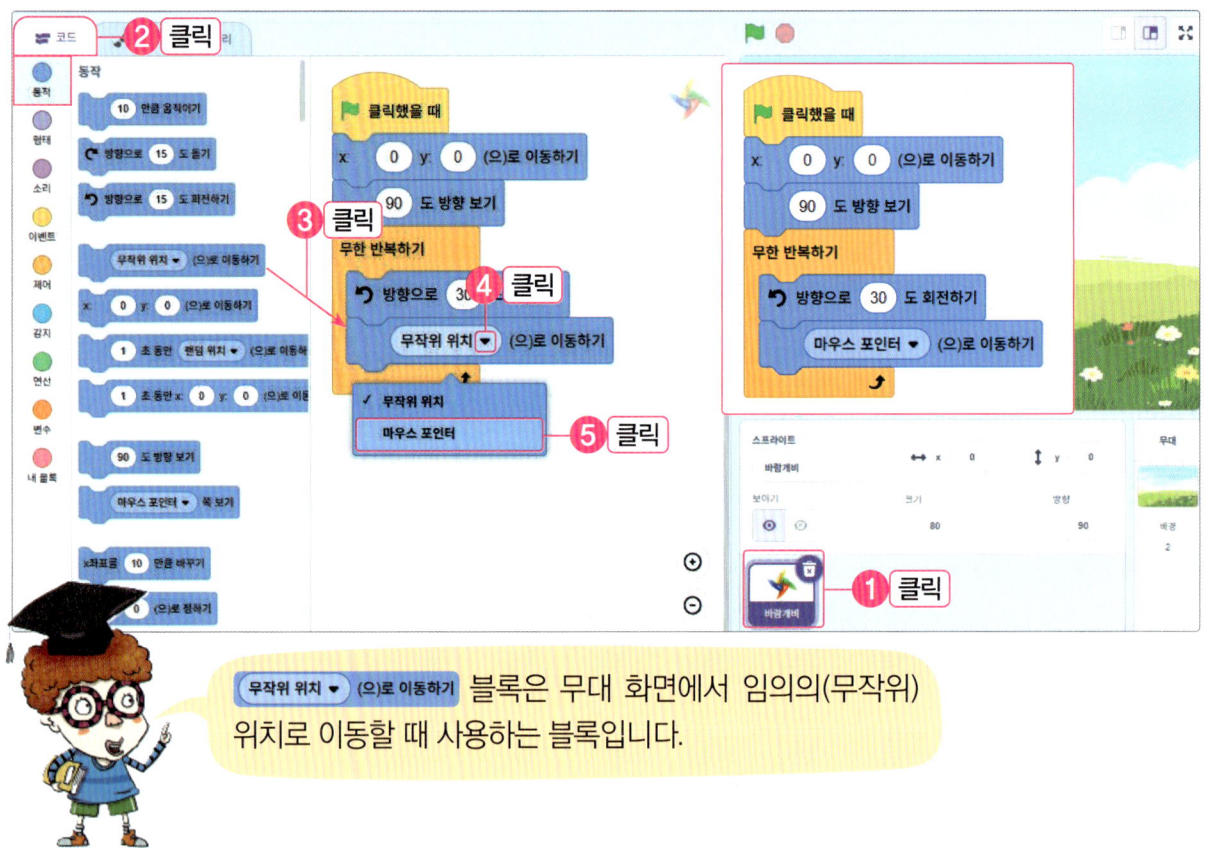

❷ 블록 코딩이 완성되면 시작하기(🏁)를 클릭 후 바람개비가 왼쪽 방향으로 회전하면서 마우스 포인터 위치로 이동하는지 확인합니다.

84 • 창의코딩놀이 Lesson 3

CHAPTER 13 문제 해결 미션 수행하기

미션 1 '별.sb3' 파일을 열고 아래의 조건에 따라 무대를 만들어 보세요.

시작하기(▶)를 클릭했을 때 아래 조건으로 계속 반복해서 마우스 포인터로 이동하며, 회전합니다.

시작하기를 클릭했을 때 다음 기능을 실행합니다.
- 모양을 별1로 바꾸고 x위치 0, y위치 0으로 이동하기
- 90도 방향 보기 후 무한 반복하여 다음 기능을 실행하기
  ·· 다음 모양으로 바꾼 후 0.1초 기다리기
  ·· 마우스 포인터로 이동하기
  ·· 오른쪽 방향으로 5도 돌기

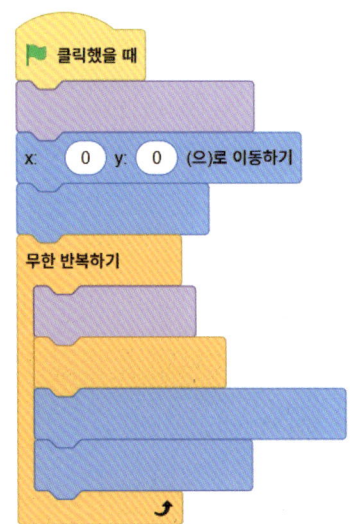

CHAPTER 14 창의 놀이

> **학습 목표**
> • 데이터 수집 및 그래프를 활용한 예측 데이터의 패턴을 찾아봅니다.   데이터 수집 및 패턴 인식

우산 사용량 예측하기

나는 비가 올 때 우산을 빌려주는 로봇이에요.
우산은 1묶음이 5개씩 묶여 묶음 단위로 미리 가져다 놓아야 해요.
비가 온 날에는 우산을 많이 빌려간 것을 확인할 수 있는데, 오늘 비가 온다고 하네요.
그러면 아래의 데이터를 보고 오늘 몇 묶음을 가져다 놓아야 할지 알려주세요.

이번달 지금까지의 날씨와 우산 대여 수를 기록해 놓았어!
기록을 보면 오늘의 우산 사용량을 알 수 있다고 하던데...

일요일	월요일	화요일	수요일	목요일	금요일	토요일
	1 ☁️	2 ⛅	3 🌧️	4 ⚡	5 ☀️	6 ☀️
7 ⛅	8 🌧️	9 ☁️	10 ⛅	11 ☁️	12 ⛅	13 ☀️
14 ⛅	15 ☁️	16 ☁️	17 🌧️	18 ☁️	19	20
21	22	23	24	25	26	27
28	29	31				

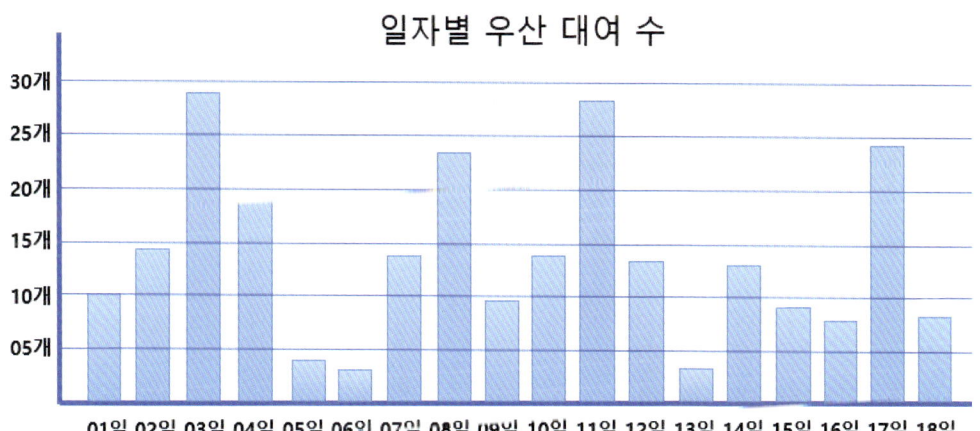

일자별 우산 대여 수

01 오늘(19일)은 일기예보를 보니 날씨가 🌧️ 라고 나왔어~
그렇다면 우산을 몇 묶음 가져다 놓아야 할까요? [   ]

02 지난 주의 같은 요일에는 몇 묶음을 사용했을까요? [   ]

Chapter 14 코딩 놀이 — 마우스 포인터를 바라보며 이동하기

학습목표

- 스프라이트의 모양과 방향을 같게 만드는 방법에 대해 알아봅니다.
- 마우스 포인터쪽을 바라보며 이동하는 방법에 대해 알아봅니다.

배울 내용 미리보기

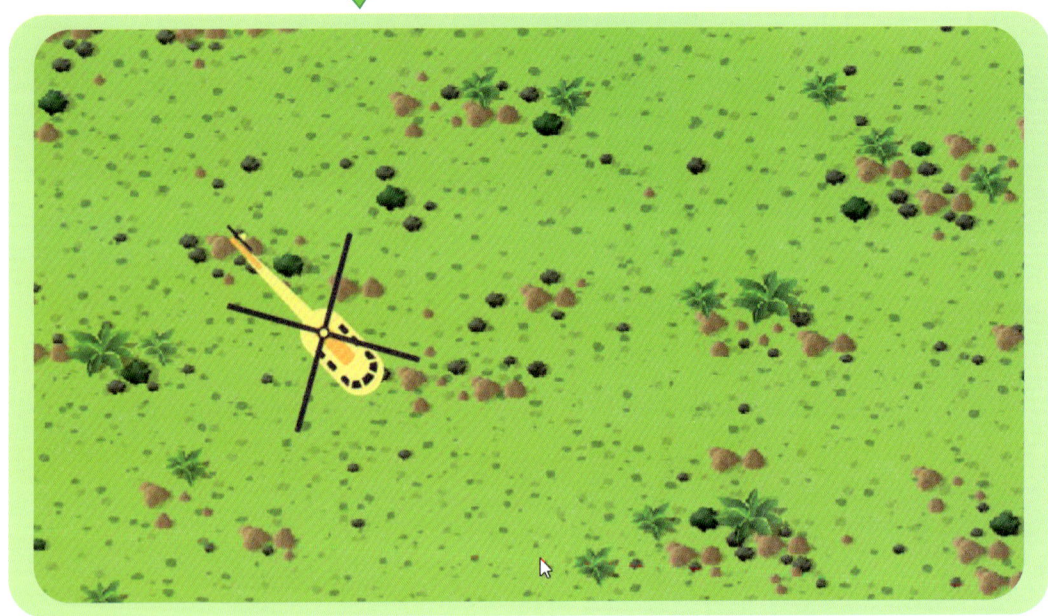

핵심놀이 마우스포인터쪽 바라보기

- 해당 스프라이트가 방향을 회전하여 선택한 스프라이트 또는 마우스 포인터 쪽을 바라봅니다.
- 스프라이트에 설정되어 있는 방향과 모양을 일치하도록 설정해야 방향에 따른 이동이 정상적으로 작동합니다.

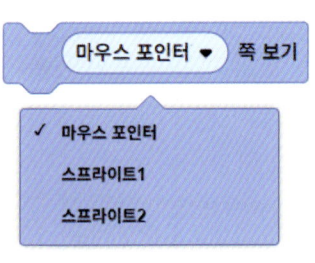

88 • 창의코딩놀이 **Lesson 3**

01 헬기 모양과 방향을 일치시키기

❶ [헬리콥터] 파일을 불러온 후 [헬기] 스프라이트의 방향(90)을 확인합니다. [모양] 탭에서 [헬기1] 모양의 [벡터로 바꾸기] 단추를 클릭합니다.

❷ 헬기 모양에 테두리가 표시되면 키보드의 Shift 를 누른 상태에서 회전( ) 도구를 드래그하여 헬기 모양이 90도 방향이 되도록 수정한 후 중심점이 날개의 중심에 위치하도록 이동합니다.

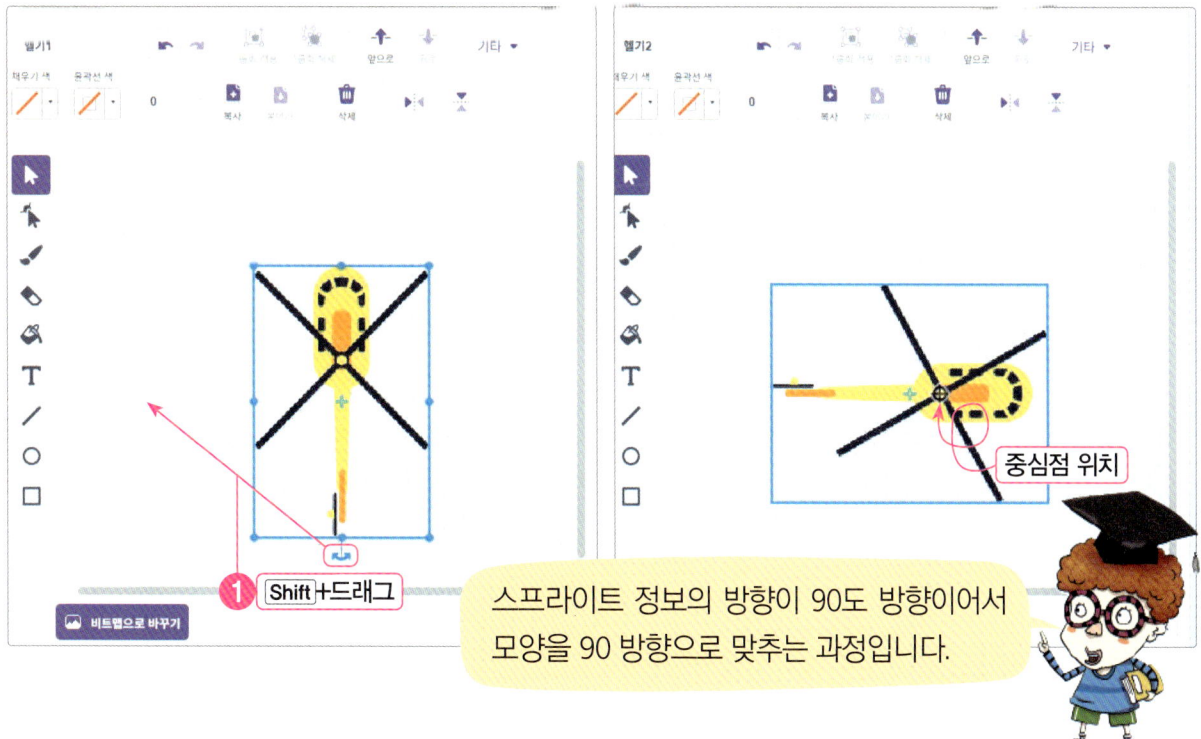

스프라이트 정보의 방향이 90도 방향이어서 모양을 90 방향으로 맞추는 과정입니다.

Chapter 14 마우스 포인터를 바라보며 이동하기 • 89

02 마우스 포인터 쪽을 바라보며 움직이기

❶ [헬기] 스프라이트의 [코드] 탭에서 [이벤트] 및 [제어], [형태], [동작] 팔레트를 이용하여 다음과 같이 블록의 연결 및 움직임 값(5)을 수정합니다.

※ 시작하기를 클릭했을 때 무한 반복하여 다음 기능을 실행합니다.
- 다음 모양으로 바꾸기
- 마우스 포인터 쪽을 보며 5만큼 움직이기

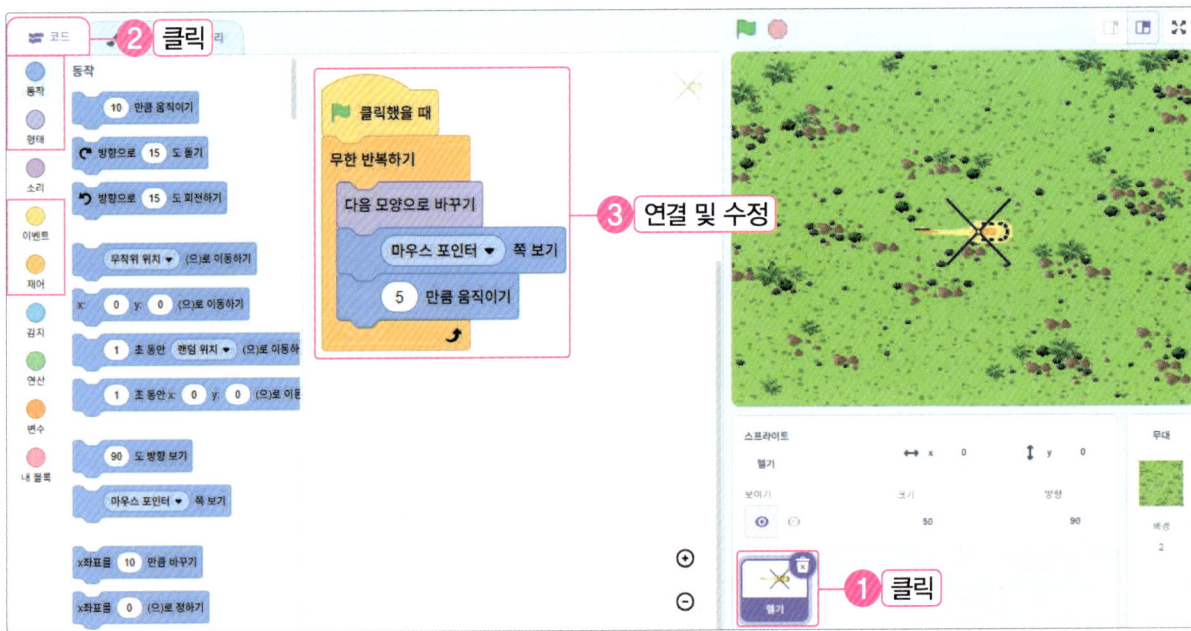

❷ [시작하기(🚩)] 를 클릭 후 마우스 포인터를 따라 헬리콥터가 움직이는지 확인합니다.

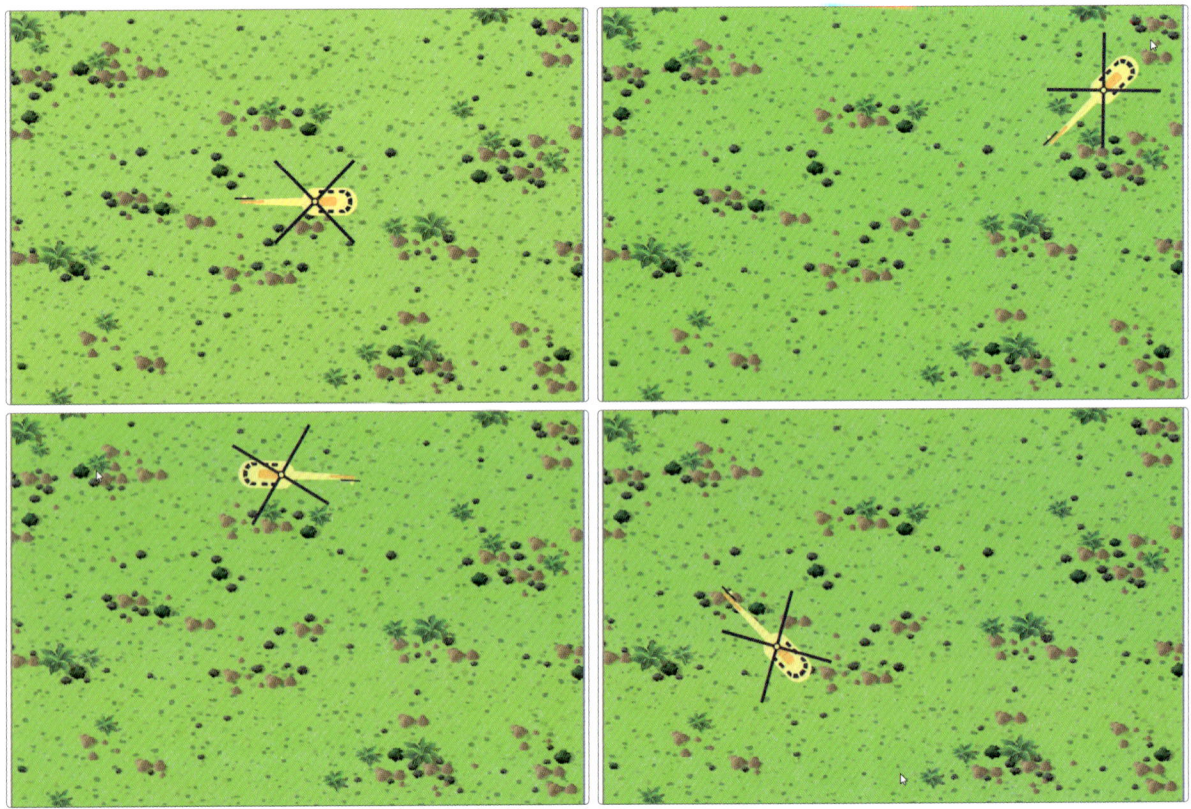

CHAPTER 14 문제 해결 미션 수행하기

 '골프장.sb3' 파일을 열고 아래 조건을 이용하여 무당벌레의 움직임을 만들어 보세요.

무당벌레의 모양에서 무당벌레1 모양을 방향(90)과 일치하도록 회전 및 중심점을 이동 후 아래 조건으로 블록 코드를 만들어 무대에서 결과 확인하기

 >

 시작하기를 클릭했을 때 무한 반복하여 다음 기능을 실행합니다.
- 0.1초 기다렸다가 다음 모양으로 바꾸기
- 마우스 포인터 쪽을 보며 5만큼 움직이기

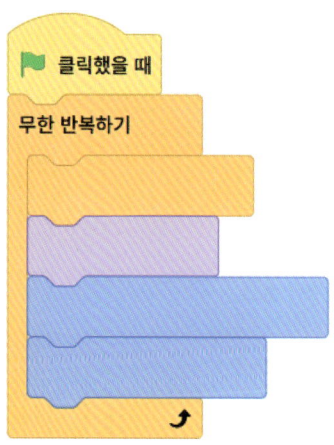

Chapter 14 마우스 포인터를 바라보며 이동하기 • 91

CHAPTER 15 창의 놀이

학습 목표

- 주어진 문제에 대해 논리적 분석을 통해 핵심 사항을 알아낼 수 있어요. **문제 분석 능력**

로봇 조립하기

지효 아빠는 로봇 과학자입니다.
지효 아빠가 속해있는 로봇 연구소에서 이번에 새로운 지능형 로봇을 만들었다고 합니다.
로봇의 제작 과정이 굉장히 까다로워 오랜 기간을 거쳤는데도 많은 로봇의 부품은 생산하지 못했다고 하네요.

아래는 로봇 완성품을 위해 연구소에서 1년동안 생산한 부품이라고 합니다.

01 로봇 연구소에서 생산한 부품으로 만들 수 있는 로봇은 몇 대 일까요?

[   ]

02 추가로 1개의 로봇을 만들 때 특정 부품 1개가 모자란다고 합니다. 어떤 부품일까요?

Chapter 15 창의 놀이 • 93

Chapter

15 코딩 놀이

벽에 닿으면 튕기기 및 회전 방식 알아보기

학습목표
- 벽에 닿으면 튕기기의 사용법을 알아봅니다.
- 회전 방식의 변경 방법에 대해 알아봅니다.

배울 내용 미리보기

핵심놀이 스프라이트의 회전 방식 알아보기

- 자유회전( ) : 스프라이트가 어느 각도든지 자유롭게 회전할 수 있습니다.
- 왼쪽/오른쪽( ) : 스프라이트가 좌우로만 움직입니다.
- 회전하지 않기( ) : 스프라이트가 어느 각도로도 움직이지 않고 고정됩니다.

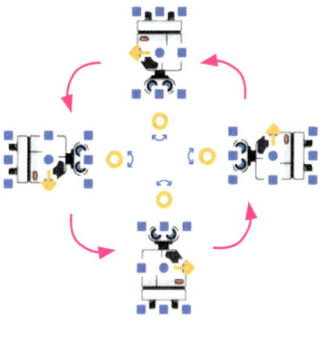   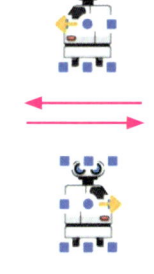   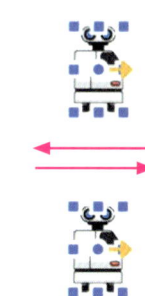

▲ 자유회전( )   ▲ 왼쪽/오른쪽( )   ▲ 회전하지 않기( )

01 로봇의 움직임 만들기

❶ [거실] 파일을 불러온 후 [로봇] 스프라이트의 [코드] 탭에서 [이벤트] 및 [제어], [동작] 팔레트를 이용하여 다음과 같이 블록을 연결합니다.

※ 시작하기를 클릭했을 때 무한 반복하여 다음 기능을 실행합니다.
 - 10만큼 움직인 후 벽에 닿으면 튕기기

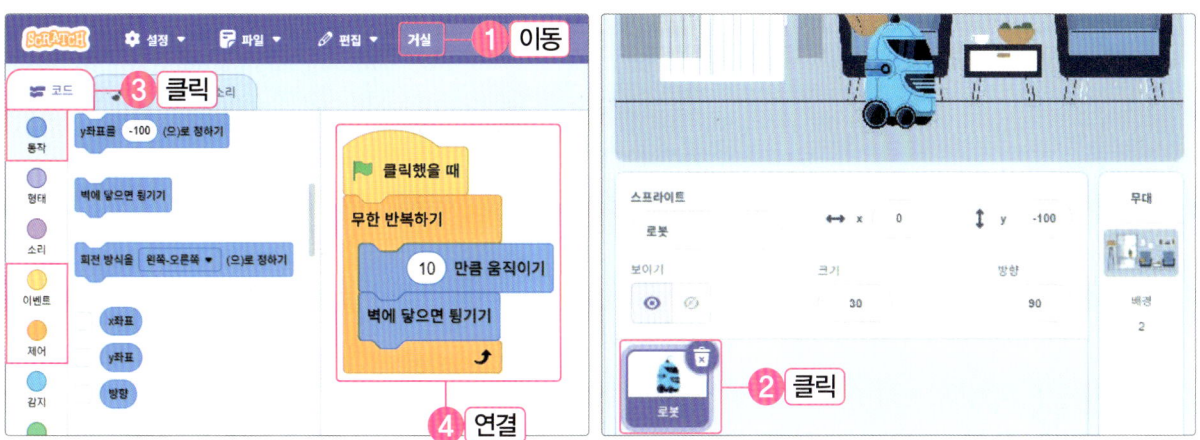

❷ [로봇] 스프라이트의 정보 항목에서 방향(90)을 클릭 후 자유회전(⟳)이 선택되어 있는지 확인한 다음 시작하기(🏁)를 클릭합니다. 로봇의 움직임을 확인한 후 멈추기(🔴)를 클릭하여 실행을 종료합니다.

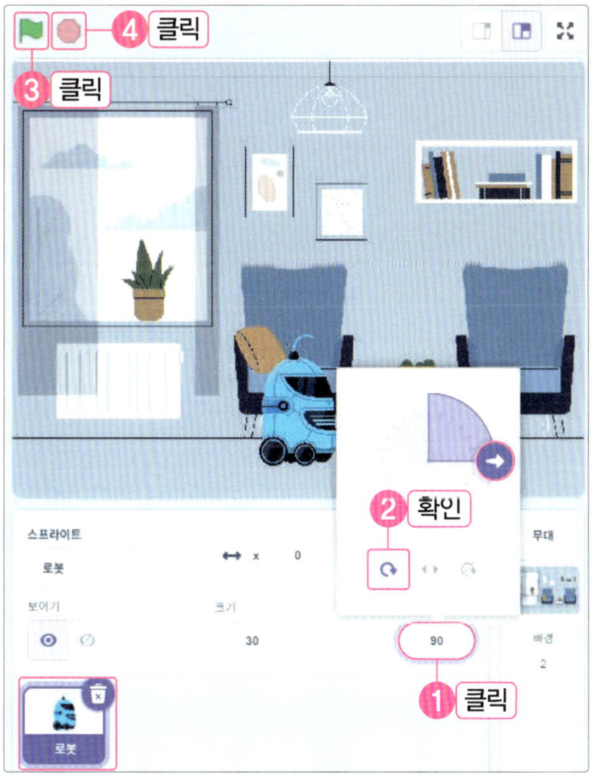

자유회전(⟳)

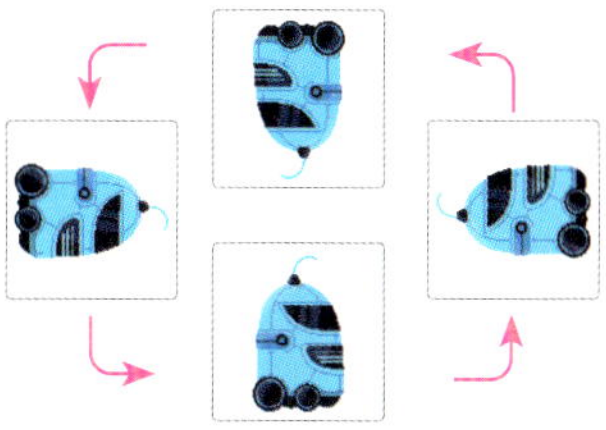

자유회전(⟳)은 스프라이트를 자유롭게 회전합니다.

Chapter 15 벽에 닿으면 튕기기 및 회전 방식 알아보기 • 95

02 좌우로만 움직이는 로봇 만들기

❶ [로봇] 스프라이트의 정보 항목에서 x위치(0)를 수정한 후 방향(90)을 수정한 다음 왼쪽/오른쪽(↔)으로 클릭하고 시작하기(▶)를 클릭하여 로봇이 좌우로만 움직이는지 확인합니다.

왼쪽/오른쪽(↔)

왼쪽/오른쪽(↔)은 스프라이트를 좌우로만 회전합니다.

STOP! 여기서 잠깐!

회전하지 않기

회전하지 않기(⊘)를 클릭하면 스프라이트가 어느 각도로도 움직이지 않고 고정되어 있습니다.

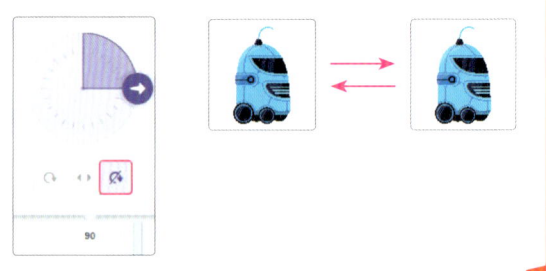

CHAPTER 15 문제 해결 미션 수행하기

 '미래도시.sb3' 파일을 열고 아래의 조건에 따라 무대를 만들어 보세요.

시작하기(🏁)를 클릭했을 때 자동차가 이동할 때 좌우로만 움직이도록 적용하여 실행하기

시작하기를 클릭했을 때 무한 반복하여 다음 기능을 실행합니다.
- 다음 모양으로 바꾸기
- 5만큼 움직인 후 벽에 닿으면 튕기기

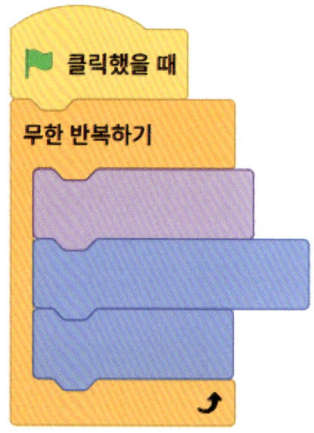

CHAPTER 16 창의 놀이

학습 목표

• 자료를 분석하여 일정 계획을 세우는 방법에 대해 알아봅니다.   **자료 분석 및 논리적 사고 능력**

일정 만들기

재석이는 주말에 가족들과 함께 코엑스에서 진행하는 다양한 체험 행사에 가서 재미있는 시간을 보낼 생각입니다. 다양한 체험 행사를 보고 가장 좋은 체험 행사 일정을 만들어 보세요. (단, 점심시간 13:00~14:00)

치즈 만들기
- 붐비는 시간 13:00 ~ 15:00
- 보통 시간   15:00 ~ 16:00
- 한가한 시간 16:00 ~ 17:00

피자 만들기
- 붐비는 시간 16:00 ~ 18:00
- 보통 시간   12:00 ~ 14:00
- 한가한 시간 14:00 ~ 16:00

물고기 잡기
- 붐비는 시간 10:00 ~ 12:00
- 보통 시간   09:00 ~ 10:00
- 한가한 시간 12:00 ~ 15:00

전통놀이
- 붐비는 시간 13:00 ~ 15:00
- 보통 시간   15:00 ~ 16:00
- 한가한 시간 11:00 ~ 12:00

01 가족 모두 1시간 단위로 체험할 때, 가장 좋은 체험 행사의 일정은 어떻게 될까요?

[   ] > [   ] > [   ] > [   ] > [   ]

이제 일정을 모두 만들었네요.
그런데 체험 행사를 참여할 때 체험 행사와 행사 사이 1시간의 여유 시간이 생깁니다.

02 어떤 체험 행사 후 여유 시간이 생길까요?   [   ]

블록 놀이

붐비는 시간   12:00 ~ 13:00

보통 시간   10:00 ~ 12:00

한가한 시간   15:00 ~ 16:00

엄마가 점심시간이 너무 짧다고 점심시간을 2시간으로 조정하고 싶어하세요.
또 재석이는 옷이 젖는게 싫어서 물고기 잡기 체험은 하고 싶지 않다고 하고요.
그 대신 새롭에 만들어진 블록놀이 체험 행사를 꼭 하고 싶다고 하는데요.
그렇다면 행사 일정을 어떻게 수정하는 것이 좋을까요?

03 수정된 가장 최적의 체험 행사 일정은 어떻게 될까요?

[   ] > [   ] > [   ] > [   ] > [   ]

Chapter 16 코딩 놀이 — 블록 코드의 복사 및 스프라이트 복사하기

학습목표

- 블록 코드의 복사 방법에 대해 알아봅니다.
- 스프라이트의 복사 방법에 대해 알아봅니다.

핵심놀이 블록 코드의 복사 및 스프라이트의 복사하기

- 블록 복사하기 : 복사할 블록 또는 블록 묶음의 가장 위쪽 블록에서 붙여넣을 스프라이트까지 마우스를 드래그합니다.
- 블록 삭제하기 : 삭제할 블록 또는 블록 묶음의 가장 위쪽 블록에서 마우스 오른쪽 단추를 눌러 바로 가기 메뉴의 [블록 삭제하기]를 클릭합니다.
- 스프라이트 복사하기 : 복사할 스프라이트에서 마우스 오른쪽 단추를 눌러 바로 가기 메뉴의 [복사]를 클릭합니다.

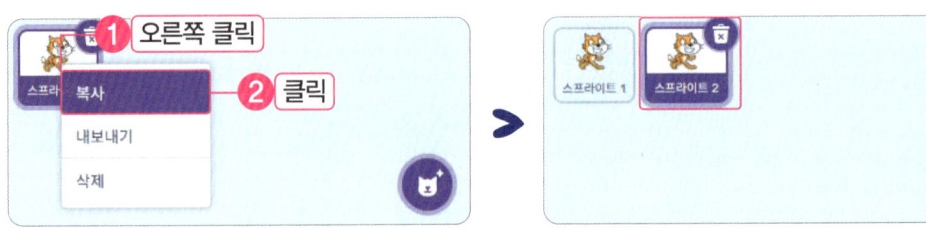

▲ 스프라이트 복사하기

100 • 창의코딩놀이 **Lesson 3**

01 블록 코드 복사하기

❶ [우주] 파일을 불러온 후 [공1] 스프라이트의 [코드] 탭에서 블록 코드를 확인합니다.

※ 시작하기를 클릭했을 때 무한 반복하여 다음 기능을 실행합니다.
 - 10만큼 움직인 후 벽에 닿으면 튕기기

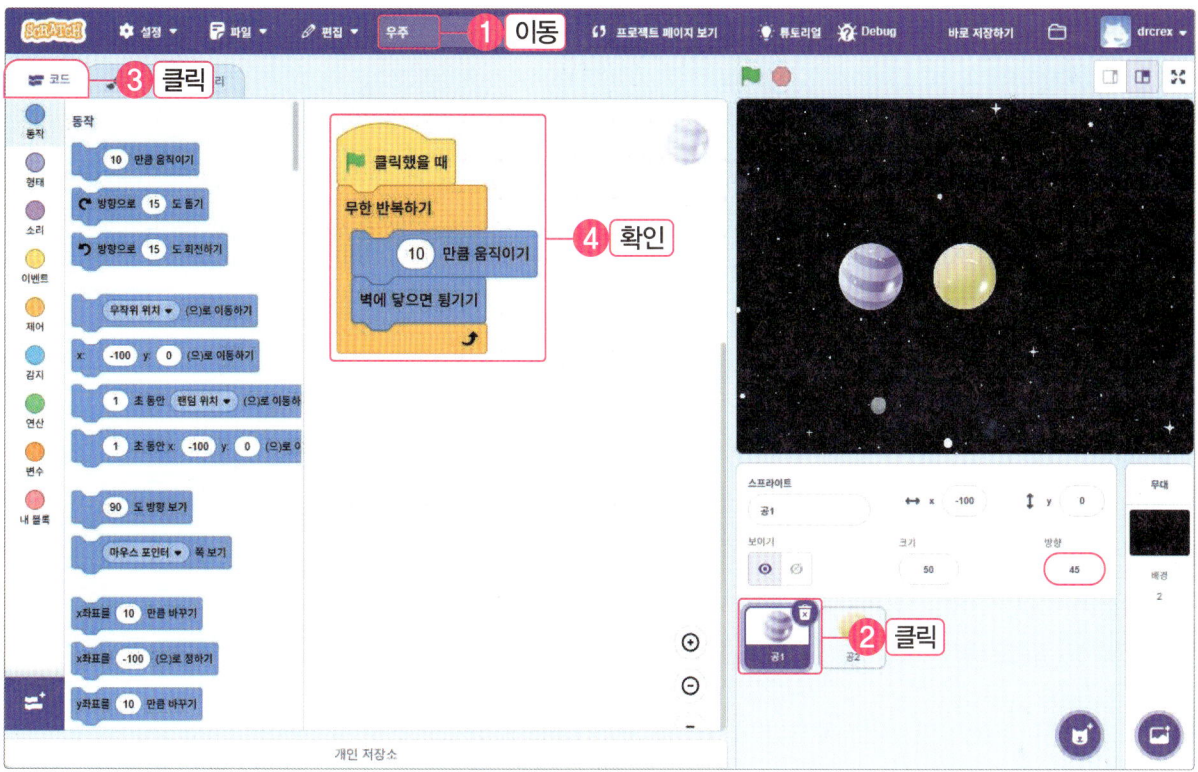

❷ [공1] 스프라이트의 블록 코드 가장 위쪽 부분에서 [공2] 스프라이트까지 마우스를 드래그하여 [공1] 스프라이트의 블록 코드를 [공2] 스프라이트에 복사합니다.

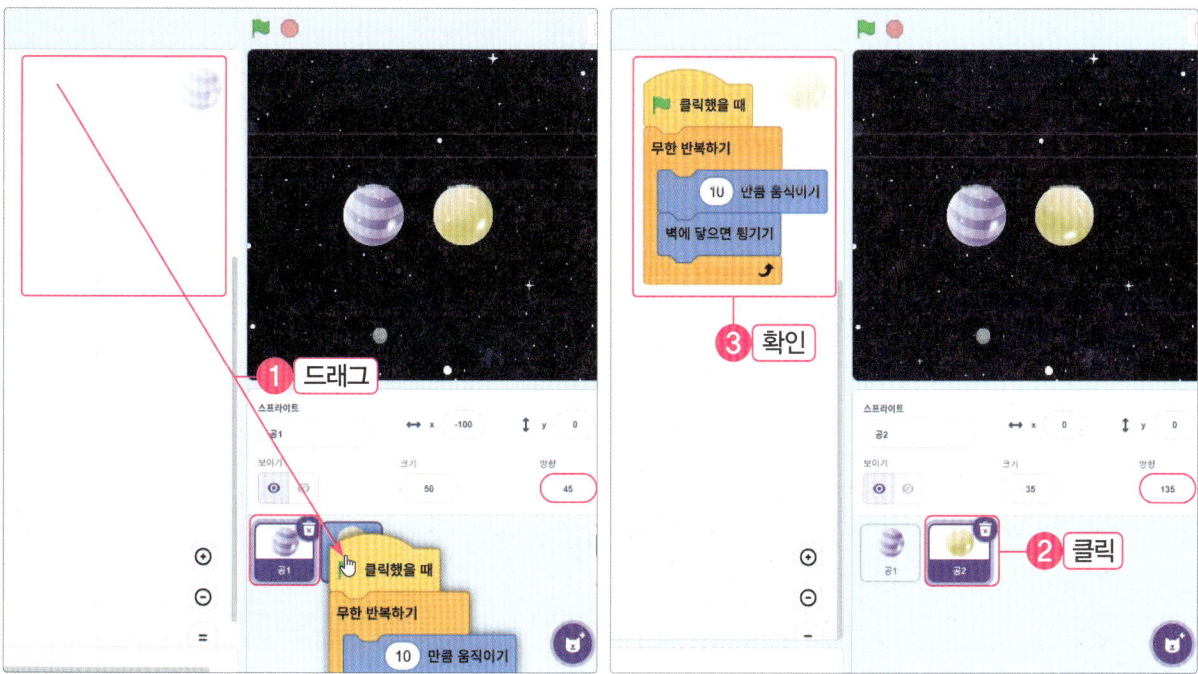

Chapter 16 블록 코드의 복사 및 스프라이트 복사하기 • 101

02 스프라이트 복사하기

❶ [공1] 스프라이트에서 마우스 오른쪽 단추를 눌러 [복사]를 클릭하면 [공3] 스프라이트 이름으로 복사가 이루어집니다. [공3] 스프라이트의 x위치(100), y위치(0) 및 방향(-45) 등을 수정합니다.

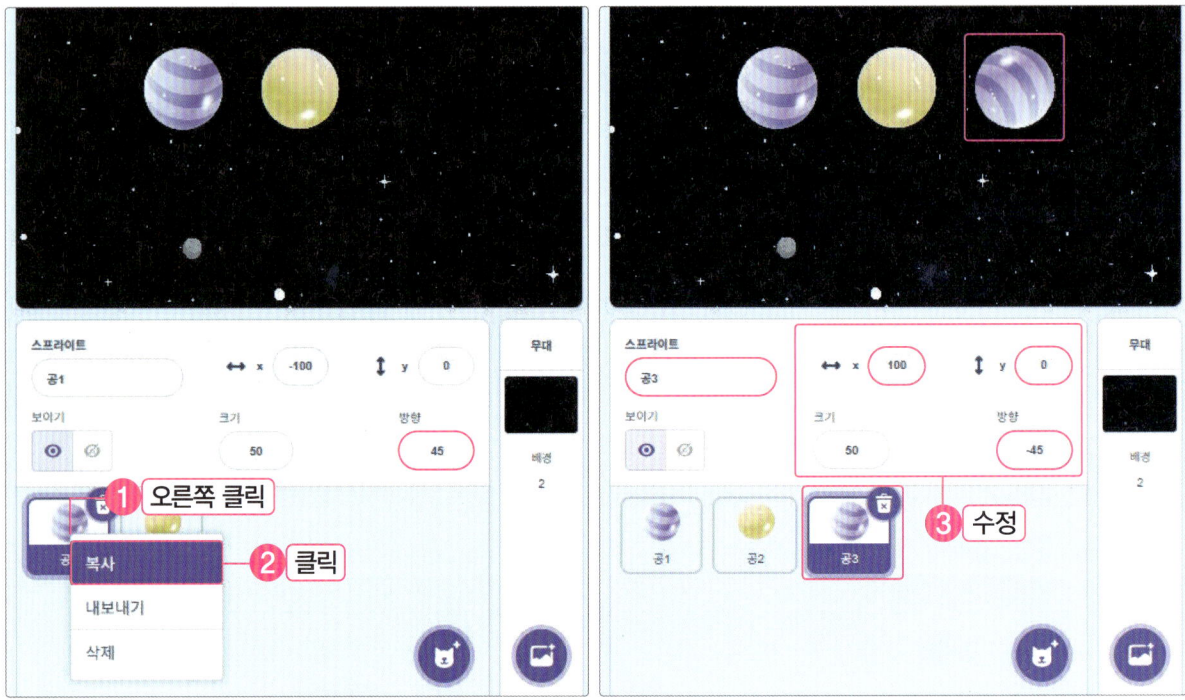

❷ [시작하기(🚩)] 를 클릭 후 무대에서 공의 이동을 확인합니다.

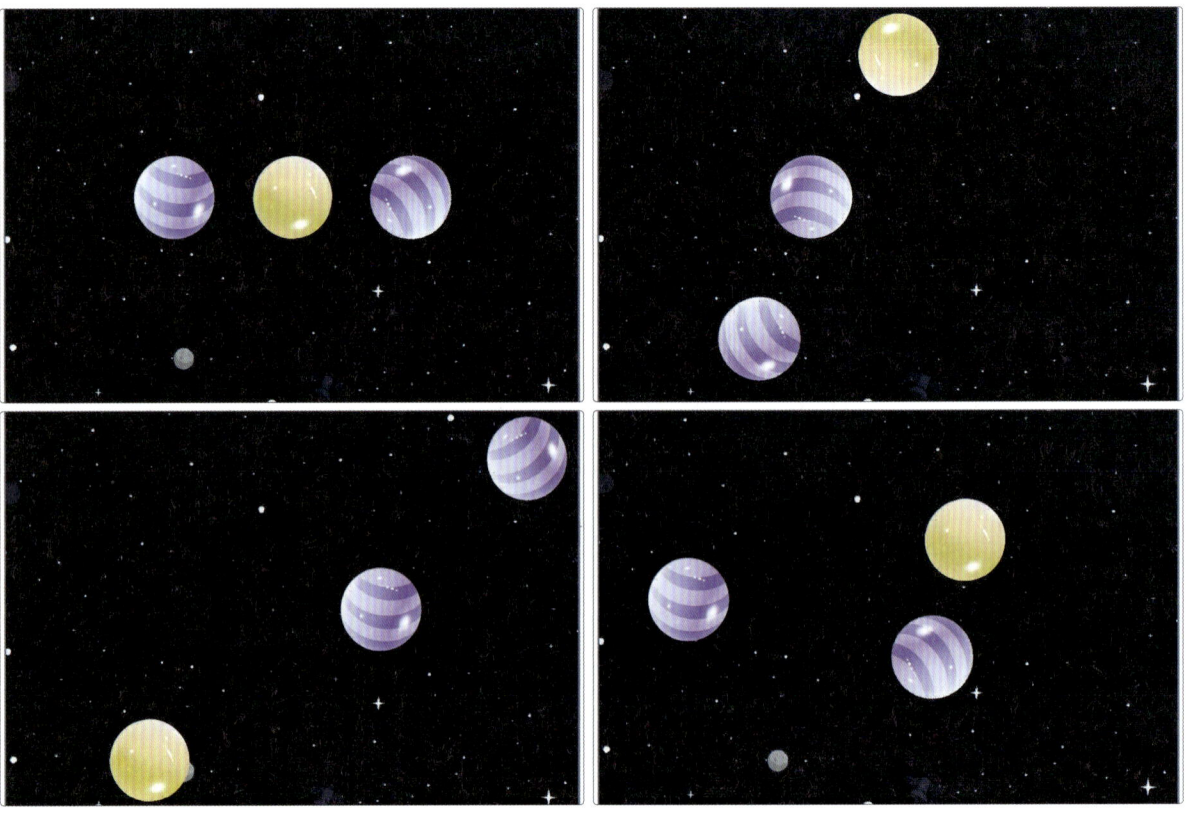

CHAPTER 16 문제 해결 미션 수행하기

미션 1 '로봇청소기.sb3' 파일을 열고 아래의 조건을 이용하여 무대를 완성한 후 실행해 보세요.

- [로봇 청소기1] 스프라이트의 블록 코드를 [로봇청소기2] 스프라이트에 복사하기
- [로봇 청소기1] 스프라이트를 복사하여 [로봇청소기3] 스프라이트를 생성하고 x위치(100), y위치(0), 방향(-130)을 수정하기

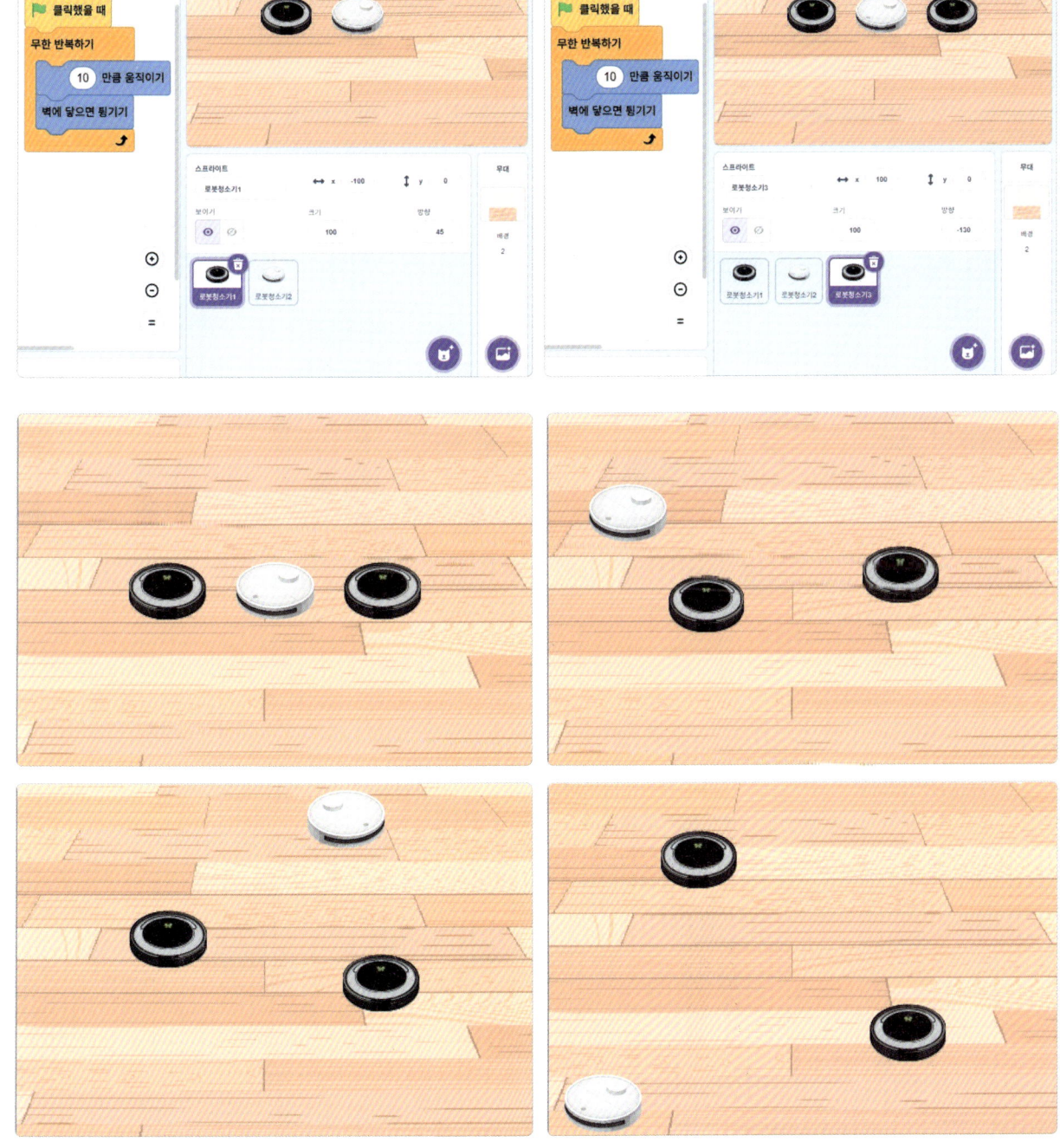

Chapter 16 블록 코드의 복사 및 스프라이트 복사하기 • 103

CHAPTER 17 창의 놀이

학습 목표

- 패턴을 식별하고 이미지 데이터를 체계적으로 구성하는 방법에 대해 알아봅니다. **패턴 인식**

성장 기록 알아보기

종국이네 집에 놀러 갔는데 종국이 할아버지의 인생 기록 사진이 벽에 걸려 있더라구. 종국이네 집 강아지와 장난을 하며 놀다가 그만 액자 사진 하나를 떨어뜨렸지 뭐야~ 마침 종국이도 화장실에 가고 없는데 말야~ 밖에서 갑자기 누군가 들어오는거야~ 빨리 사진을 걸어두어야 하는데…

01 바닥에 있는 사진 중에서 어떤 사진이 물음표(?)가 표시된 위치의 종국이 할아버지 사진일까요?

우리 할아버지도 종국이 할아버지와 같은 나이로 어릴적부터 친구로 지내셨다고 하더라구~
절친이라 학교도 같이다니고 운동도 같이하면서 늘~ 항상 같이 붙어 다니셨다고…

02 종국이 할아버지의  사진을 보았을 때 같은 나이의 우리 할아버지의 사진은 어떤 사진일까요?

Chapter

17 코딩 놀이   좌표를 이용한 로봇 이동하기

학습목표

- 무대의 좌표에 대해 알아봅니다.
- 좌표를 이용한 블록의 사용법을 알아봅니다.

배울 내용 미리보기

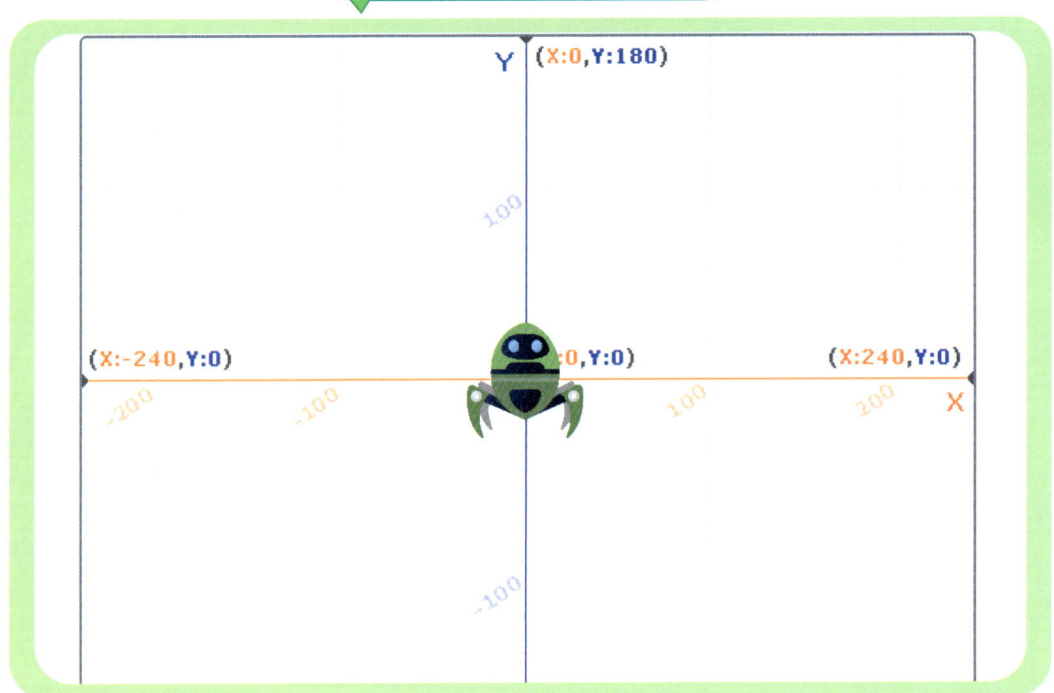

핵심놀이   좌표를 이용한 스프라이트의 이동 블록 알아보기

- `x좌표를 10 만큼 바꾸기` : 스프라이트의 x좌표값에 입력 값만큼(더하기/빼기) 바꾼 위치로 이동합니다.
- `y좌표를 10 만큼 바꾸기` : 스프라이트의 y좌표값에 입력 값만큼(더하기/빼기) 바꾼 위치로 이동합니다.
- `x좌표를 0 (으)로 정하기` : 블록에 입력한 x좌표값 위치로 이동합니다.
- `y좌표를 0 (으)로 정하기` : 블록에 입력한 y좌표값 위치로 이동합니다.
- `x: 0 y: 0 (으)로 이동하기` : 블록에 입력한 x좌표값 및 y좌표값 위치로 이동합니다.

> 바꾸기 블록은 스프라이트의 좌표값에 블록의 입력값을 더하여 이동하고 정하기 블록은 스프라이트의 좌표값과 상관없이 블록의 입력값에 해당하는 좌표로 이동합니다.

106 • 창의코딩놀이 **Lesson 3**

01 좌표를 이용한 로봇의 위치 이동하기

❶ [로봇이동] 파일을 불러온 후 [로봇] 스프라이트의 [코드] 탭에서 [이벤트] 및 [동작] 팔레트를 이용하여 다음과 같이 블록을 연결합니다.

※ 시작하기를 클릭했을 때 x좌표 0, y좌표 0의 위치로 이동합니다.

STOP! 여기서 잠깐!

무대의 좌표 이해하기

- 무대는 기본적으로 좌표로 구성되어 있습니다.
- x축의 가로 방향으로는 가운데 점(0)을 기준으로 왼쪽으로는 -256, 오른쪽으로는 256까지의 지점에 표시된 스프라이트를 무대에서 확인할 수 있습니다.
- y축의 세로 방향으로는 가운데 점(0)을 기준으로 위쪽으로는 195, 아래쪽으로는 -195까지의 지점에 표시된 스프라이트를 무대에서 확인할 수 있습니다.

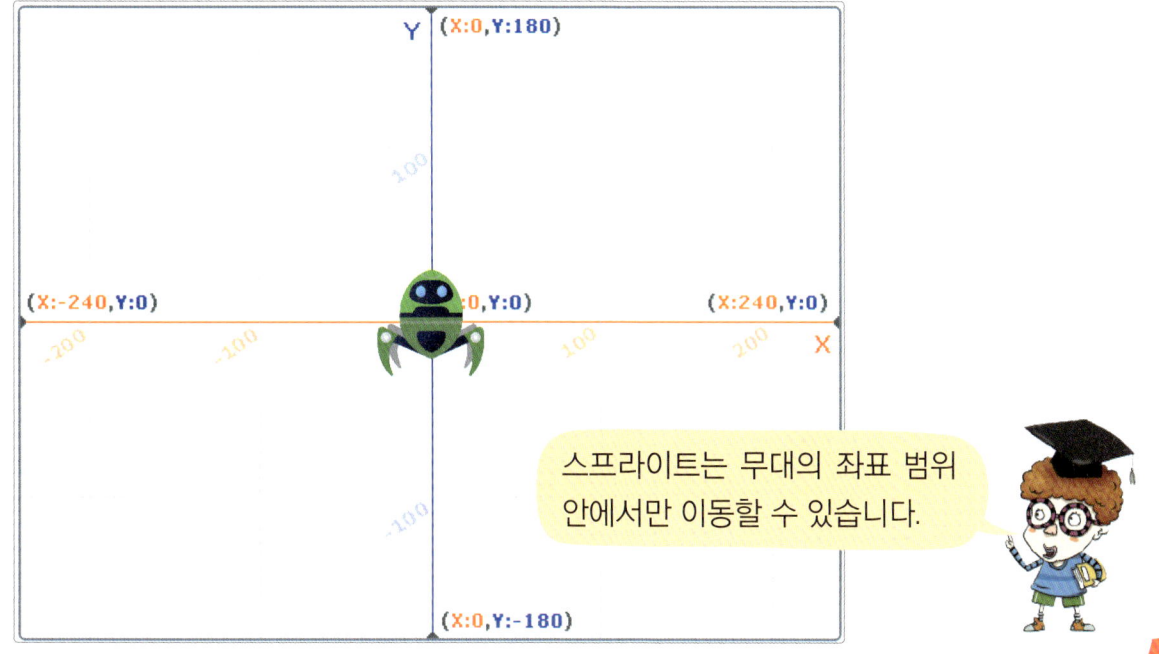

스프라이트는 무대의 좌표 범위 안에서만 이동할 수 있습니다.

02 좌표를 이용한 로봇의 움직임 만들기

❶ [로봇] 스프라이트의 [코드] 탭-[이벤트] 팔레트에서 `스페이스 ▼ 키를 눌렀을 때` 블록을 드래그하여 스크립트 창으로 이동한 후 목록 단추(▼)를 클릭 한 다음 [왼쪽 화살표]를 클릭합니다.

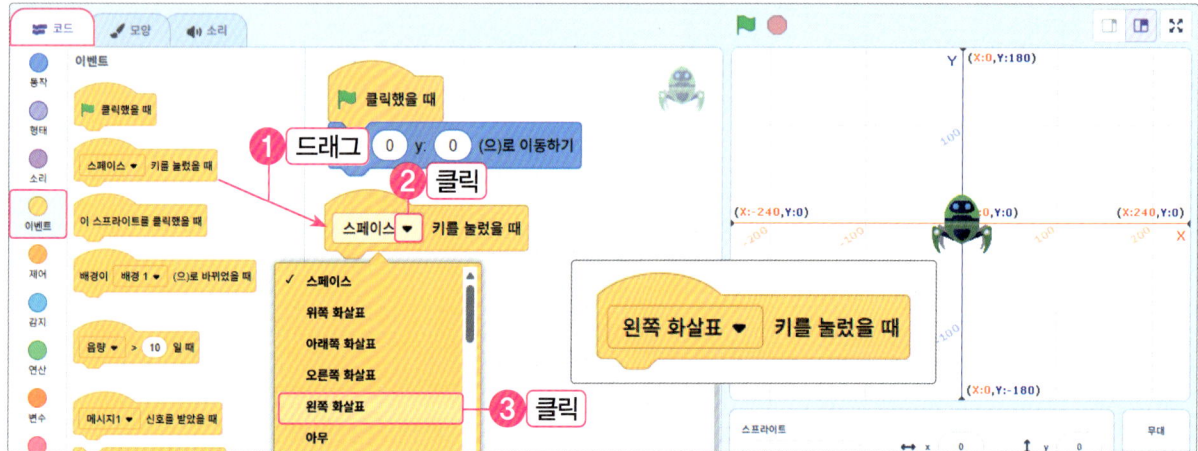

❷ [동작] 팔레트의 `x좌표를 10 만큼 바꾸기` 블록을 `왼쪽 화살표 ▼ 키를 눌렀을 때` 블록과 연결한 후 x좌표값(-10)을 수정합니다. 같은 방법으로 다음과 같이 블록을 연결하고 값을 수정합니다.

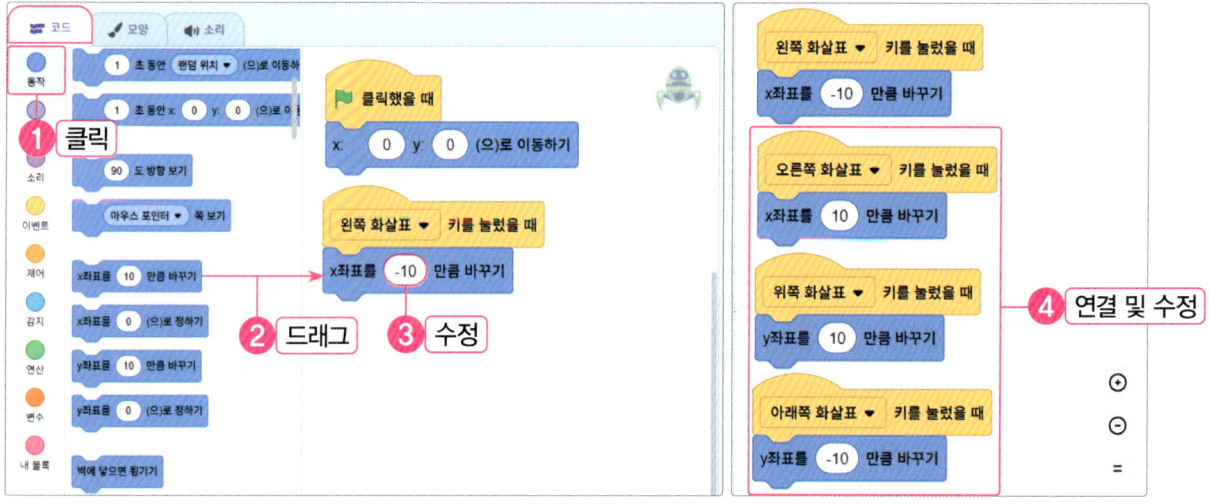

❸ [시작하기(▶)]를 클릭 후 키보드의 방향키(←/→/↑/↓)를 눌러 로봇 이동을 확인합니다.

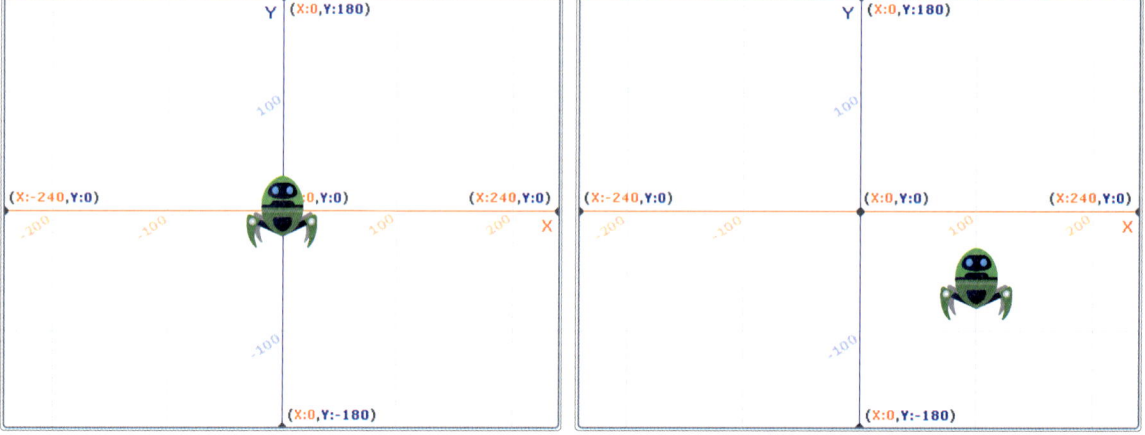

108 • 창의코딩놀이 **Lesson 3**

CHAPTER 17 문제 해결 미션 수행하기

미션 1 '드론비행' 파일을 열고 다음 조건에 따라 무대를 완성한 후 실행해 보세요.

- 시작하기 버튼을 클릭했을 때 x좌표 0, y좌표 0 위치로 이동한 후 계속 반복하여 다음 모양으로 바꿉니다.
- 왼쪽 화살표 키를 눌렀을 때 x좌표를 –10만큼 바꿉니다.
- 오른쪽 화살표 키를 눌렀을 때 x좌표를 10만큼 바꿉니다.
- 위쪽 화살표 키를 눌렀을 때 y좌표를 10만큼 바꿉니다.
- 아래쪽 화살표 키를 눌렀을 때 y좌표를 –10만큼 바꿉니다.

Chapter 17 좌표를 이용한 로봇 이동하기 • 109

CHAPTER 18 창의 놀이

학습 목표

- 추상화와 논리적 문제 해결 방법을 알아봅니다.

추상화 및 문제 해결 능력

음식 찾기

시온이는 부모님과 함께 마트에서 장을 보고 푸드 코너에서 점심을 먹으려고 합니다.
시온이는 면 종류를 모두 좋아하는 편이며, 그 중 가장 좋아하는 음식은 중국 음식점에서 만든 면요리라고 합니다.

파스타 김밥 자장면 불고기
비빔밥 냉면 떡국 칼국수
쌀국수 피자 라면 볶음밥

01 중국 음식점 메뉴 중에서 면 요리를 제외한 음식은 무엇일까요? [ ]

02 시온이가 가장 좋아하는 음식은 무엇일까요? [ ]

03 왼쪽 그림의 요리를 아래 보기의 5개 메뉴 항목으로 구분할 때 빈 칸에 들어갈 메뉴로 옳은 것을 적어주세요.

Chapter 18 코딩 놀이  로켓 발사 만들기

 학습목표

- 시작할 때 스프라이트의 모양 및 위치 지정 등 기본 설정 방법에 대해 알아봅니다.
- 일정 횟수 동안 반복하는 블록의 사용법에 대해 알아봅니다.

 배울 내용 미리보기

핵심놀이 일정 횟수의 반복하기 블록 및 좌표 이동하기로 스프라이트의 이동 만들기

- ◯ 번 반복하기 : 입력한 횟수 만큼 감싸고 있는 블록들을 반복하여 실행합니다.
- y좌표를 ◯ 만큼 바꾸기 : 스프라이트의 y좌표를 입력한 값만큼 바꿉니다.

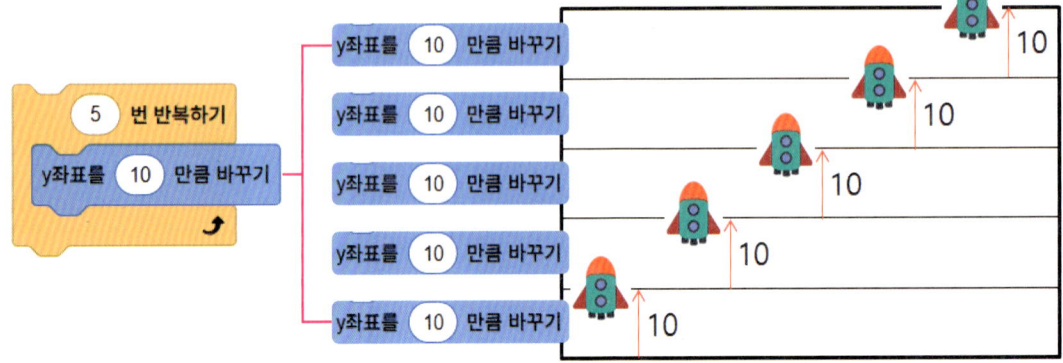

01 시작할 때의 우주선 기본 설정 만들기

❶ [우주발사] 파일을 불러온 후 [우주선] 스프라이트의 [모양] 탭에서 우주선 모양을 확인합니다.

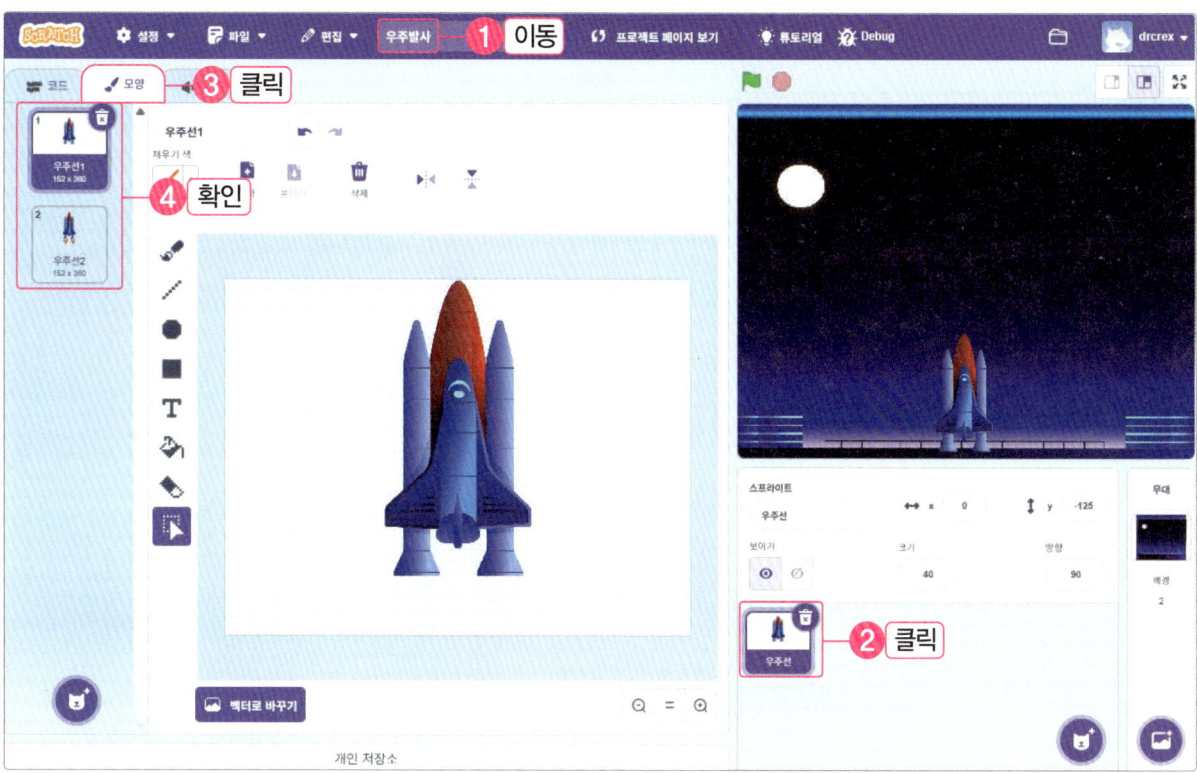

❷ [우주선] 스프라이트의 [코드] 탭에서 [이벤트] 및 [형태], [동작] 팔레트를 이용하여 다음과 같이 블록을 연결하고 입력값을 수정합니다.

※ 시작하기를 클릭했을 때 다음 기능을 실행합니다.
- 모양을 보이고 우주선1 모양으로 바꾸기
- x위치 0, y위치 -125로 이동하기

02 일정 횟수 반복하여 우주선의 움직임 만들기

❶ [우주선] 스프라이트의 [코드] 탭에서 [이벤트] 및 [형태] 팔레트를 이용하여 다음과 같이 블록을 연결합니다.

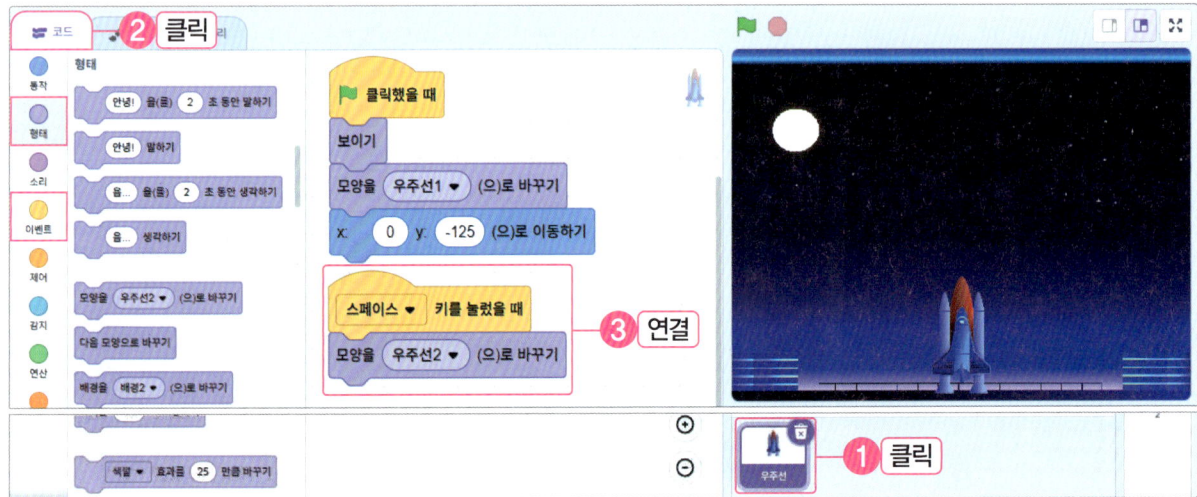

❷ 같은 방법으로 [제어] 및 [동작], [형태] 팔레트를 이용하여 블록을 추가 연결 및 수정합니다.
   ※ 스페이스 키를 눌렀을 때 다음 기능을 실행합니다.
     - 우주선2 모양으로 바꾸고 35번 반복하여 y좌표를 10만큼 바꾸기
     - 숨기기

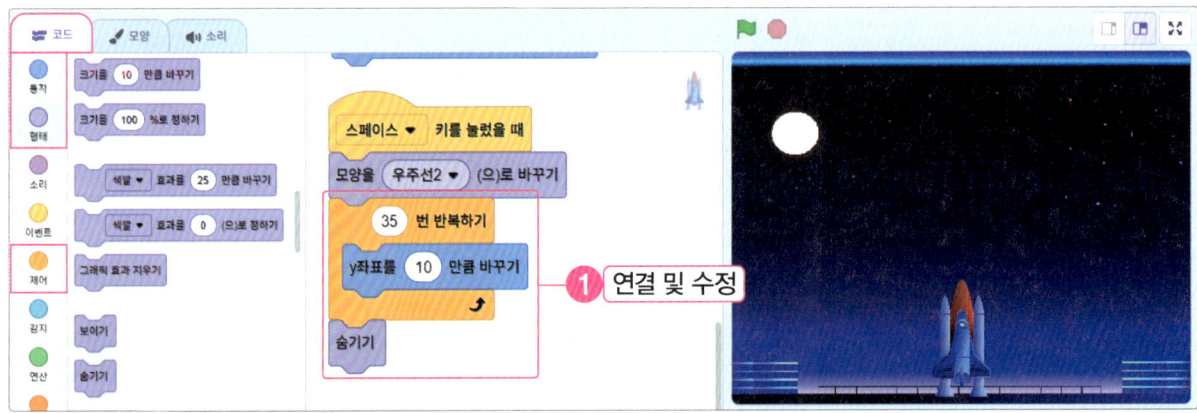

❸ [시작하기(▶)]를 클릭 후 무대에서 키보드의 SpaceBar 를 눌러 우주선이 발사되는지 확인합니다.

CHAPTER 18 문제 해결 미션 수행하기

미션 1 '미래도시' 파일을 열고 다음 조건에 따라 무대를 완성한 후 실행해 보세요.

미래카

- 시작하기를 클릭했을 때 다음 기능을 실행합니다.
  - 모양을 보이고 미래카2 모양으로 바꾸기
  - x위치 140, y위치 -120으로 이동하기

- 스페이스 키를 눌렀을 때 다음 기능을 실행합니다.
  - 미래카1 모양으로 바꾸기
  - 10번 반복하여 y좌표를 10만큼 바꾸기
  - 0.2초 기다리기
  - 미래카2 모양으로 바꾸기
  - 40번 반복하여 x좌표를 -10만큼 바꾸기
  - 숨기기

미래카

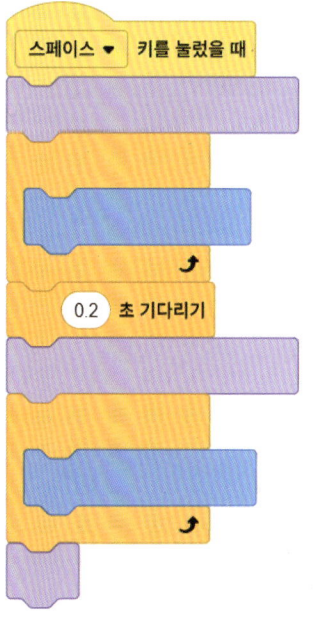

Chapter 18 로켓 발사 만들기 • 115

CHAPTER 19 창의 놀이

학습 목표

- 일상 생활 속의 패턴을 식별하는 방법에 대해 알아봅니다.

패턴 인식

자연에서 패턴 찾기

01 다음 패턴을 보고 아래 연상되는 동물을 찾아 동그라미를 그려보세요.

02 다음 패턴을 보고 연상되는 동물을 알아맞춰 보세요. [   ]

03 다음 패턴을 보고 연상되는 과일을 알아맞춰 보세요. [   ]

Chapter 19 코딩 놀이 — 점프 동작 만들기

학습목표

- 점프 동작의 원리에 대해 알아봅니다.
- 블록을 이용한 점프 동작의 코딩 방법에 대해 알아봅니다.

배울 내용 미리보기

핵심놀이 점프 동작 알아보기

-  [올라가기] : 5번 반복하여 y좌표를 10만큼씩 바꿉니다.

- [내려가기] : 5번 반복하여 y좌표를 −10만큼씩 바꿉니다.

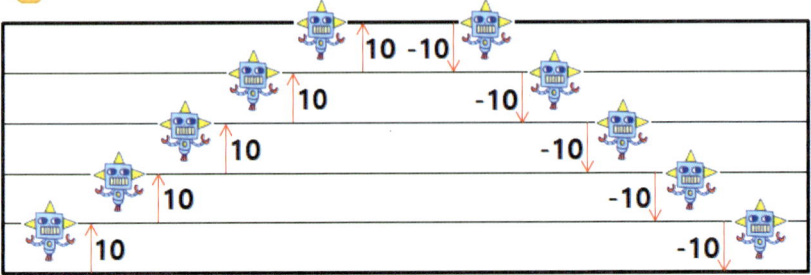

118 • 창의코딩놀이 Lesson 3

01 점프 동작의 올라가기

❶ [점핑] 파일을 불러온 후 [크래용] 스프라이트의 [모양] 탭에서 모양을 확인합니다.

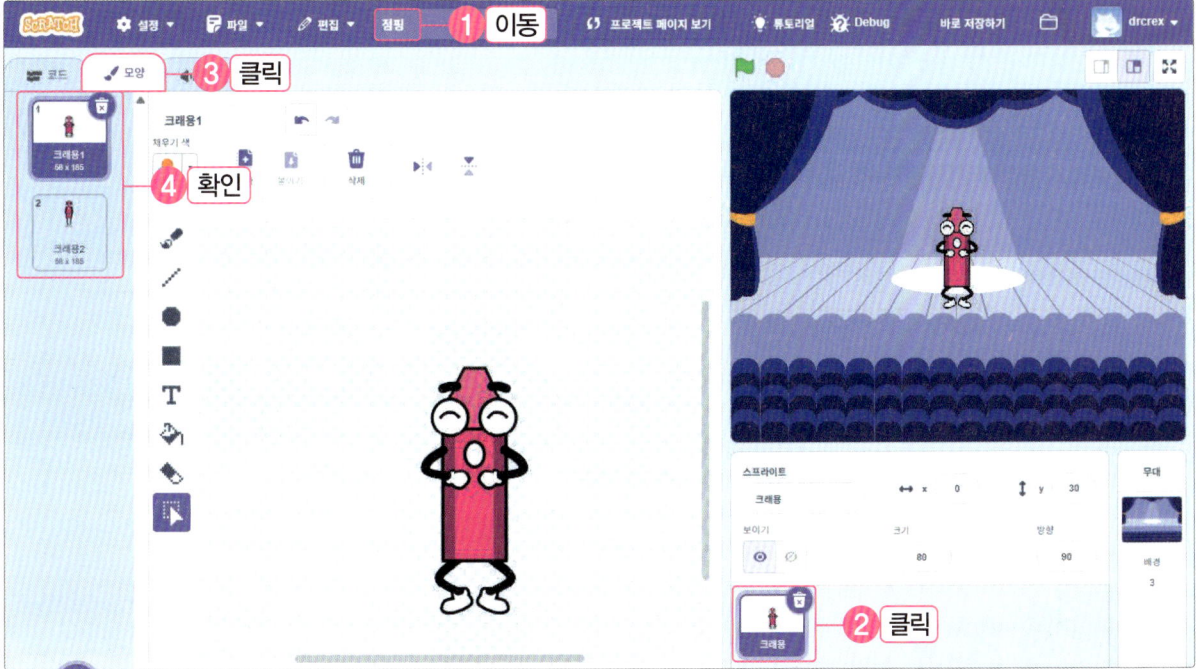

❷ [코드] 탭에서 [이벤트] 및 [형태], [제어], [동작] 팔레트를 이용하여 다음과 같이 블록을 연결 및 수정합니다.

※ 키보드의 스페이스 키를 눌렀을 때 크래용2 모양으로 바꾸고 10번 반복하여 y좌표를 5만큼 바꾸기
 (뛰어 올라가는 모양과 동작)

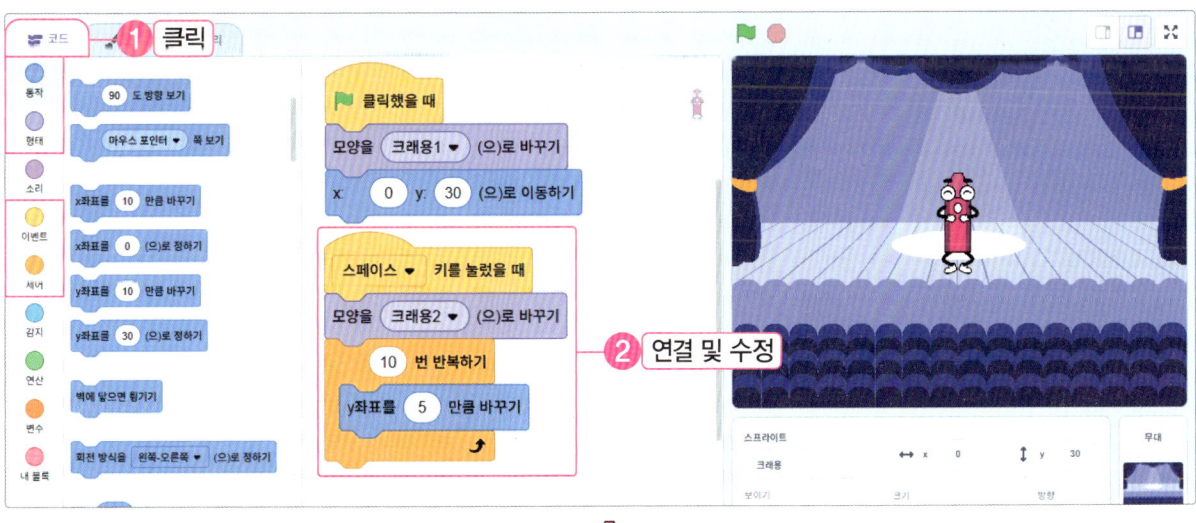

02 점프 동작의 내려가기

❶ [크래용] 스프라이트의 [제어] 및 [동작], [형태] 팔레트를 이용하여 다음과 같이 블록을 추가합니다.
   ※ 10번 반복하여 y좌표를 -5만큼 바꾸고 크래용1 모양으로 바꾸기(내려가는 동작과 모양)

❷ [시작하기(🏁)]를 클릭 후 무대에서 키보드의 SpaceBar 를 눌러 크래용의 점핑 동작을 확인합니다.

CHAPTER 19 문제 해결 미션 수행하기

미션 1 '뽑기' 파일을 열고 다음 조건에 따라 무대를 완성한 후 실행해 보세요.

- 시작하기를 클릭했을 때 다음 기능을 실행합니다.
  – 모양을 집게1 모양으로 바꾸고 x위치 0, y위치 90으로 이동하기
- 스페이스 키를 눌렀을 때 다음 기능을 실행합니다.
  – 15번 반복하여 y좌표를 –10만큼 바꾸기
  – 집게2 모양으로 바꾸고 0.1초 기다리기
  – 15번 반복하여 y좌표를 10만큼 바꾸기
  – 집게1 모양으로 바꾸기

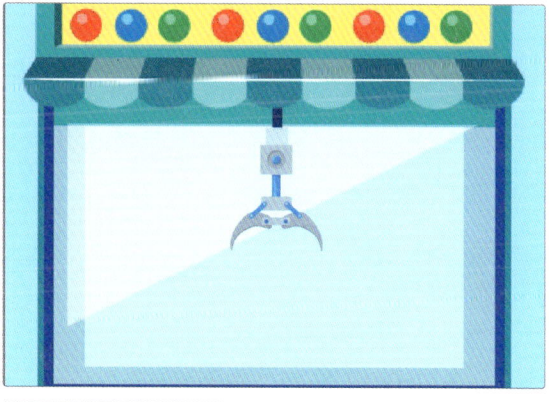
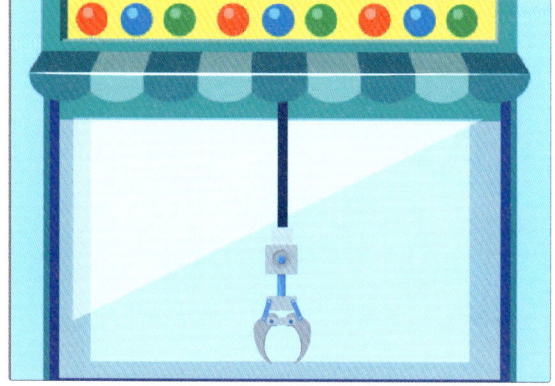
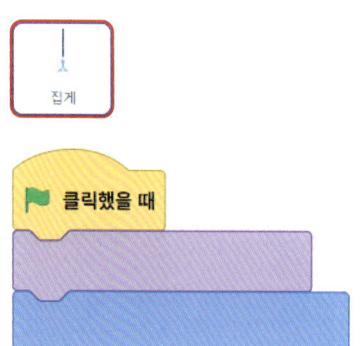
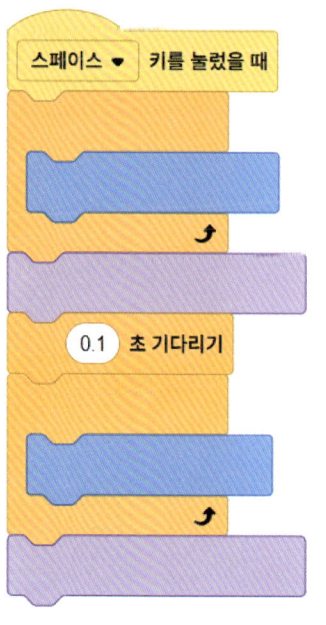

CHAPTER 20 창의 놀이

학습 목표

- 요일별 패턴을 인식하고 문제 해결 방법을 예측해 봅니다.

패턴 및 문제 해결 능력

요일별 옷입기

항상 옷차림에 신경쓰는 하음이는 오늘도 마음에 드는 옷을 고르느라 거울 앞에서 떠날줄을 모릅니다. 잘 살펴보면 하음이가 옷을 갈아입을 때에도 나름 규칙이 있다는걸 알 수 있습니다.

(월요일) 　　(화요일) 　　(수요일)

(목요일) 　　(금요일) 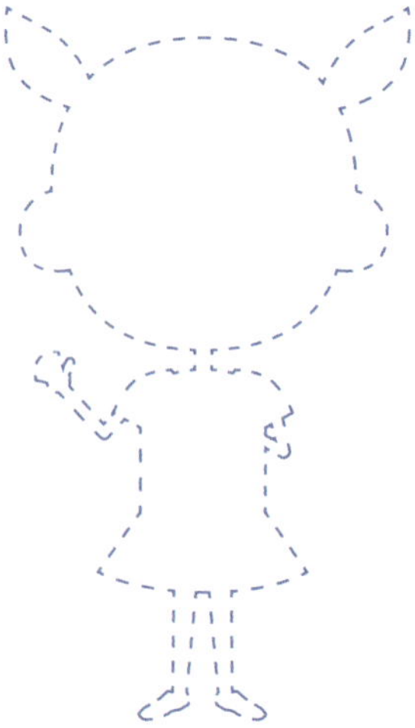　　(토요일)

다음 그림을 통해 규칙을 알아 보세요.

01 토요일에 하음이가 입을 상의를 찾아 동그라미로 표시해 보세요.

02 토요일에 하음이가 입을 치마를 찾아 동그라미로 표시해 보세요.

03 토요일에 하음이가 신을 신발을 찾아 동그라미로 표시해 보세요.

Chapter 20 코딩 놀이

크기 변경으로 램프 탈출 장면 만들기

학습목표

- 스프라이트의 크기 변경 방법에 대해 알아봅니다.
- 중심점을 기준으로 하는 크기 변경을 실습해 봅니다.

배울 내용 미리보기

핵심놀이 스프라이트의 크기 변경에 사용하는 블록 알아보기

- 크기를 10 만큼 바꾸기 : 스프라이트의 크기를 입력한 값(더하기/빼기) 만큼 바꿉니다.
- 크기를 100 %로 정하기 : 스프라이트의 크기를 입력한 비율(%)로 정합니다.

01 램프의 지니 모양 변경 및 크기 확대하기

❶ [지니] 파일을 불러온 후 [램프] 스프라이트의 [모양] 탭에서 지니 모양 및 램프 모양을 확인합니다.

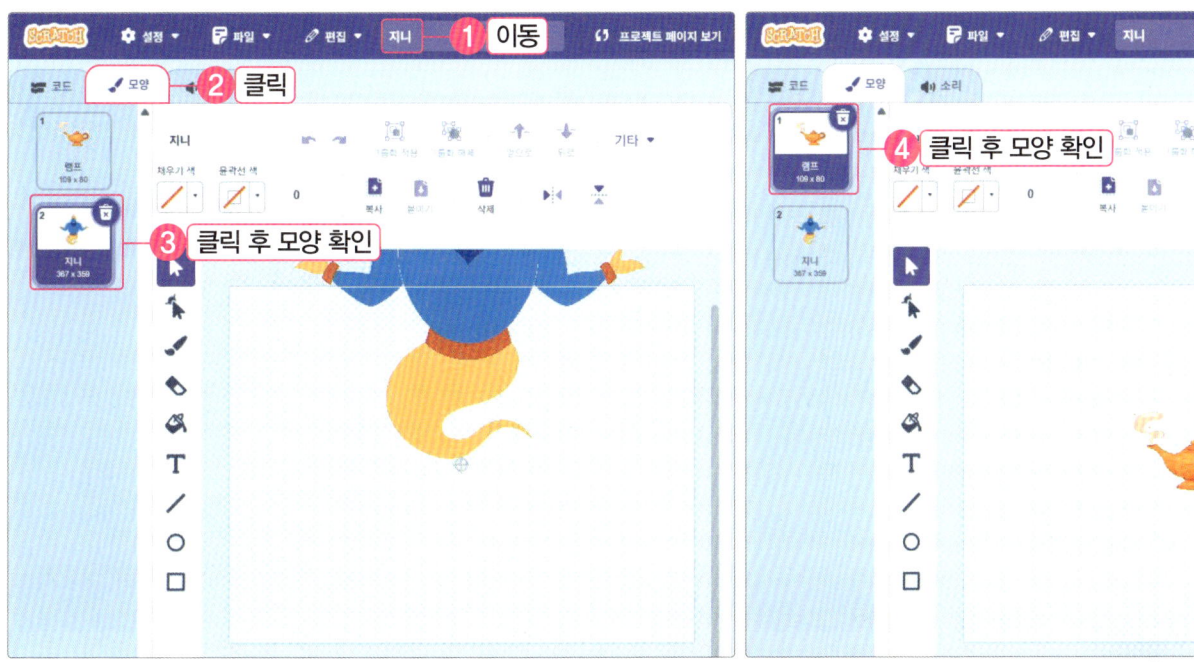

지니 모양의 중심점을 아래쪽에 위치한 이유는 블록을 이용한 크기 변경이 중심점을 중심으로 변경되기 때문입니다.
※ [모양] 탭을 빠져 나올 때 꼭!! [램프] 모양에서 나오세요.

❷ [램프] 스프라이트의 [코드] 탭에서 [이벤트] 및 [제어], [형태] 팔레트를 이용하여 다음과 같이 블록을 연결한 후 반복하기 값(5)을 수정합니다.

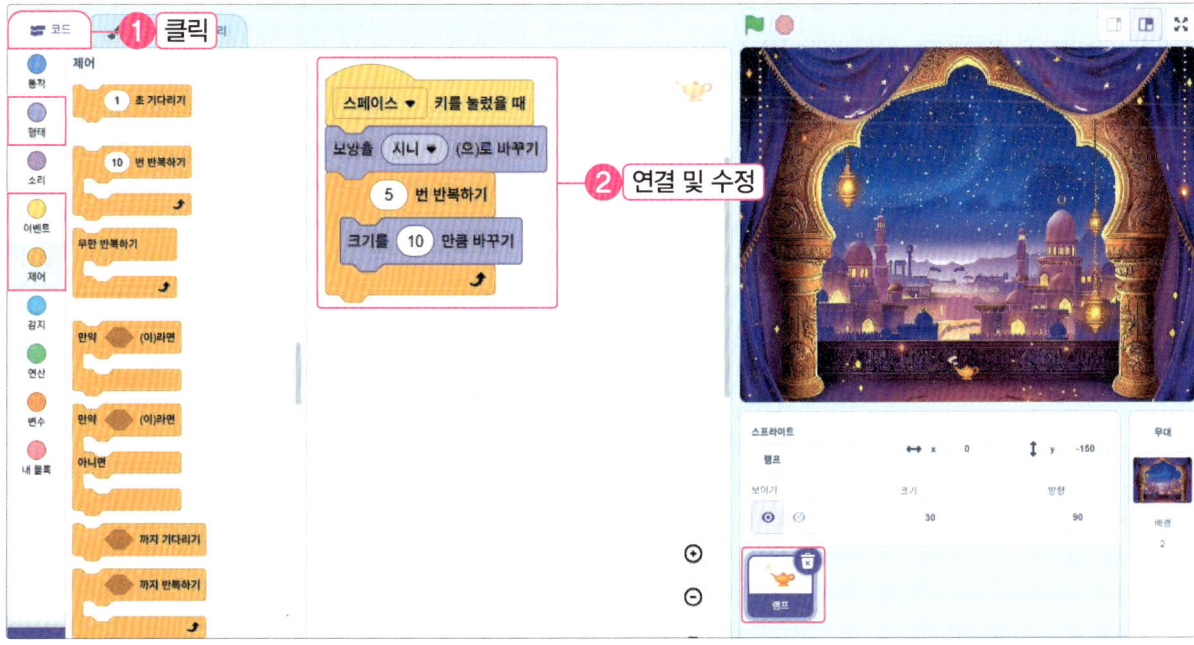

Chapter 20 크기 변경으로 램프 탈출 장면 만들기 • 125

02 지니의 크기 축소 및 램프 모양으로 바꾸기

❶ [램프] 스프라이트의 [코드] 탭에서 [제어] 및 [형태] 팔레트를 이용하여 다음과 같이 블록을 추가 연결 및 값을 수정합니다.

※ 스페이스 키를 눌렀을 때 다음 기능을 실행합니다.
- 모양을 지니 모양으로 바꾸고 5번 반복하여 크기를 10만큼 바꾸기
- 0.1초 기다렸다가 5번 반복하여 크기를 -10만큼 바꾸고 모양을 램프 모양으로 바꾸기

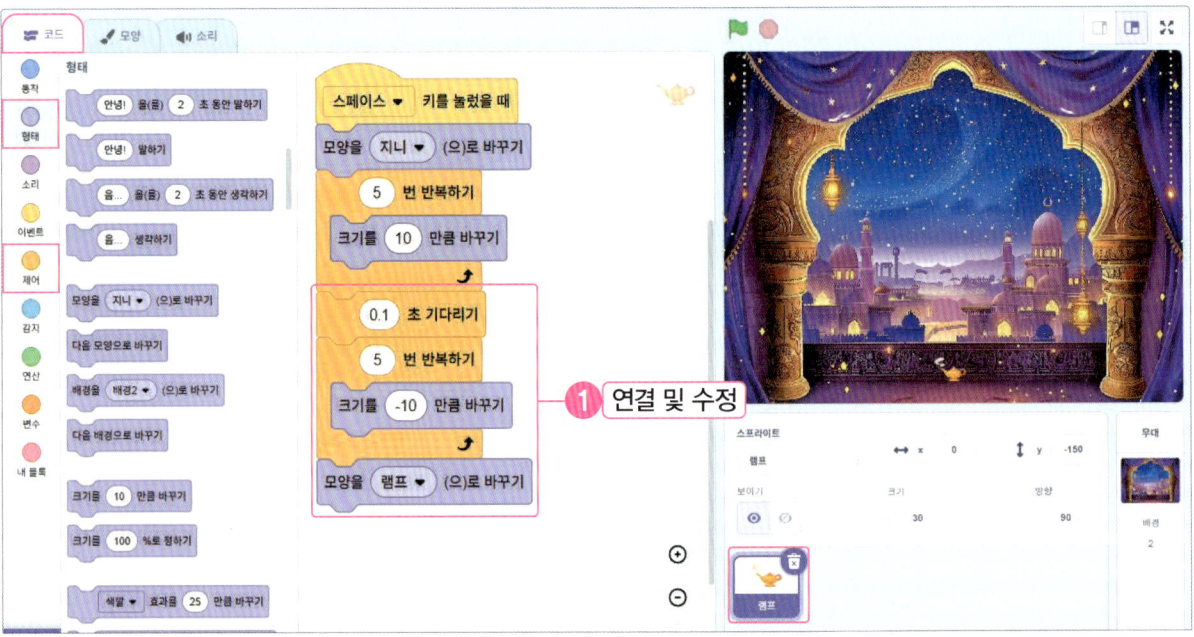

❷ [시작하기(🏁)]를 클릭 후 키보드의 SpaceBar 를 눌러 무대 결과를 확인합니다.

CHAPTER 20 문제 해결 미션 수행하기

 '표정' 파일을 열고 다음 조건에 따라 무대를 완성한 후 실행해 보세요.

- 스페이스 키를 눌렀을 때 다음 기능을 실행합니다.
  - 10번 반복하여 크기를 5만큼 바꾸기
  - 10번 반복하여 크기를 -5만큼 바꾸기

- 스페이스 키를 눌렀을 때 다음 기능을 실행합니다.
  - 표정2 모양으로 바꾸기
  - 0.5초 기다리기
  - 표정1 모양으로 바꾸기

 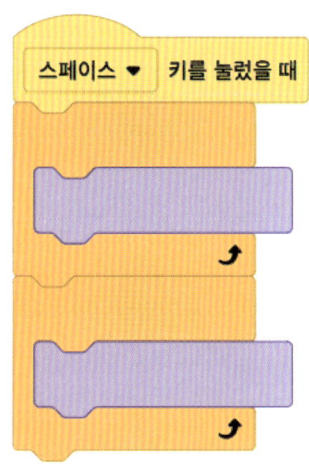  

CHAPTER 21 종합 활동 놀이

데칼코마니 놀이

01 아래 그림의 한쪽 모양을 보고 대칭 모양의 반대편 모양을 그려보세요.

02 완성한 곤충의 이름은 무엇일까요? [   ]

그림 패턴 넣기

02 아래 그림을 보고 네모(□) 안에 나올 수 패턴 그림을 찾아보세요.

Chapter 21 종합 활동 문제 • 129

📁 불러올 파일 : 없음　　　　　📁 완성된 파일 : 동물왕국_완성.sb3

놀이 1　아프리카 동물들을 상상하며, 배경과 동물 스프라이트를 추가하여 무대를 완성해 보세요.

- 임의의 배경과 동물 스프라이트를 추가하여 아프리카 동물의 왕국 작품 만들기
- 스프라이트의 크기 및 위치, 방향 등은 자유롭게 설정하기

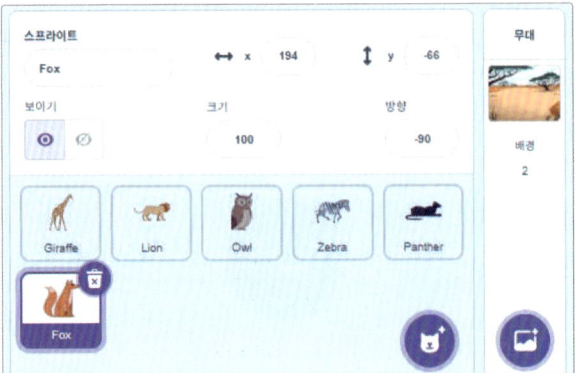

130 • 창의코딩놀이 **Lesson 3**

📁 불러올 파일 : 없음　　　📁 완성된 파일 : 바다_완성.sb3

놀이 2 바닷속 풍경을 상상하며, 배경 및 스프라이트를 추가하여 무대를 완성해 보세요.

- 바다와 관련된 배경과 스프라이트를 추가하여 나만의 바닷속 작품 만들기
- 스프라이트의 크기 및 위치, 방향 등은 자유롭게 설정하기

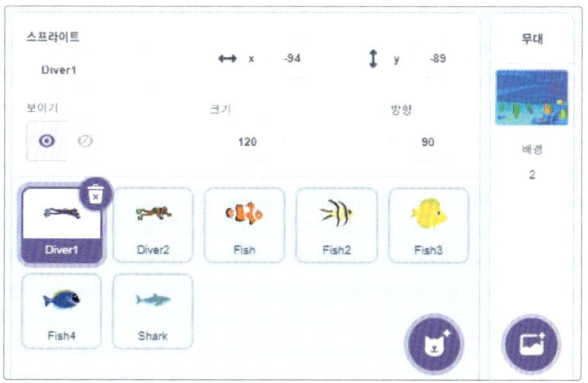

Chapter 21 종합 활동 문제 • 131

CHAPTER

데칼코마니 놀이

01 아래 그림의 한쪽 모양을 보고 대칭 모양의 반대편 모양을 그려보세요.

02 고전 공포 소설의 인물로 젊은 과학자가 창조한 생명체인 그림의 인물은 누구일까요?
[   ]

그림 패턴 넣기

02 아래 그림을 보고 네모(□) 안에 나올 수 패턴 그림을 찾아보세요.

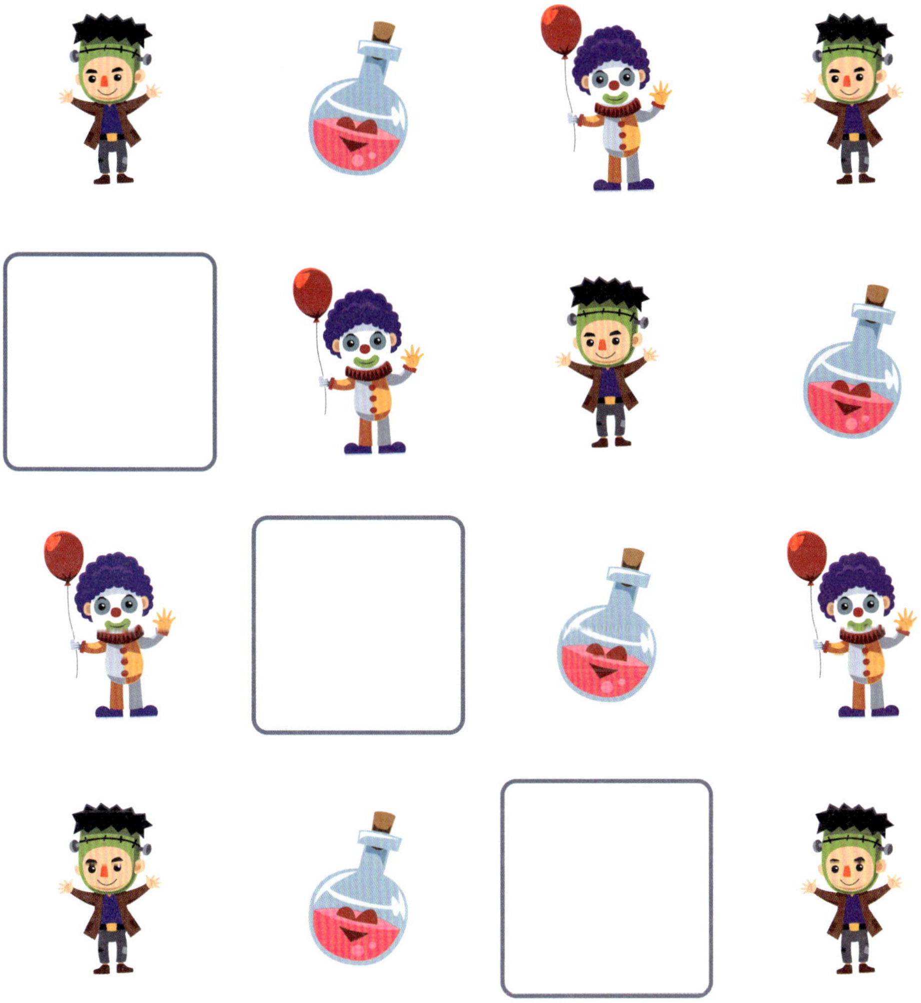

① ② ③

📁 불러올 파일 : IOT명령.ent   📁 완성된 파일 : IOT명령_완성.ent

 'IOT명령' 파일을 열고 결과 화면과 같이 무대를 완성해 보세요.

- 아래 무대 장면을 참고하여 사람과 로봇들의 대화 만들기
- 스프라이트 간의 대화가 잘 이루어 지도록 1초의 여유 시간을 두고 매끄러운 대화를 코딩합니다.

 바퀴봇의 블록 코딩 만들기
장면1을 참고하세요.

 사람의 블록 코딩 만들기
장면2와 장면3을 참고하세요.

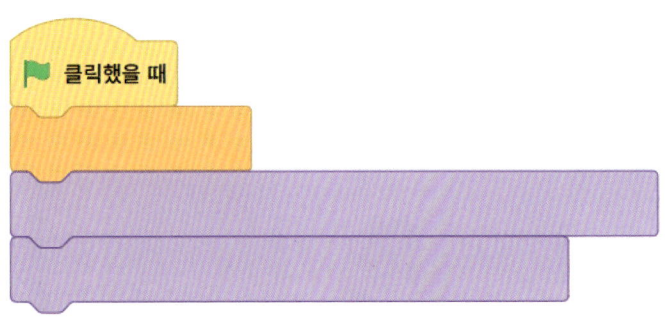

 동글봇의 블록 코딩 만들기
장면4와 장면5를 참고하세요.

 배경의 블록 코딩 만들기
장면6을 참고하세요.

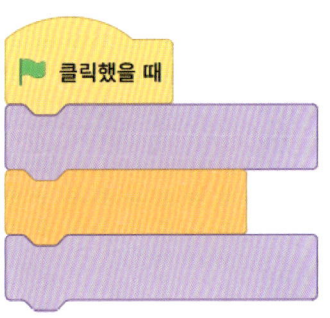

사물인터넷(IOT)이란?
사물인터넷은 조명이나 가전제품 등의 일상 생활에 사용하는 물건을 인터넷에 연결하여 서로 통신할 수 있는 것을 의미합니다.
이러한 물건은 생활을 더욱 편리하게 만드는데 도움이 되어주죠~^^

Chapter 21 종합 활동 문제 • 135

CHAPTER 23 종합 활동 놀이

길 만들기 놀이

01 그림 처럼 두 흡혈귀가 각각 성과 달, 박쥐에게 이동할 수 있도록 길을 만들어 주세요.

모양 시각화 놀이

01 위에서 본 퍼즐을 옆으로 보았을 때 같은 모양의 입체 퍼즐은 무엇일까요?

📁 불러올 파일 : 연구소.sb3   📁 완성된 파일 : 연구소_완성.sb3

 로봇 스프라이트를 이용하여 연구소에서 좌우로 움직이는 로봇의 무대를 완성해 보세요.

- 시작하기 버튼을 클릭했을 때 무한 반복하여 다음 기능을 실행합니다.
  - 이동 방향으로 10만큼 움직이기
  - 벽에 닿으면 튕기기

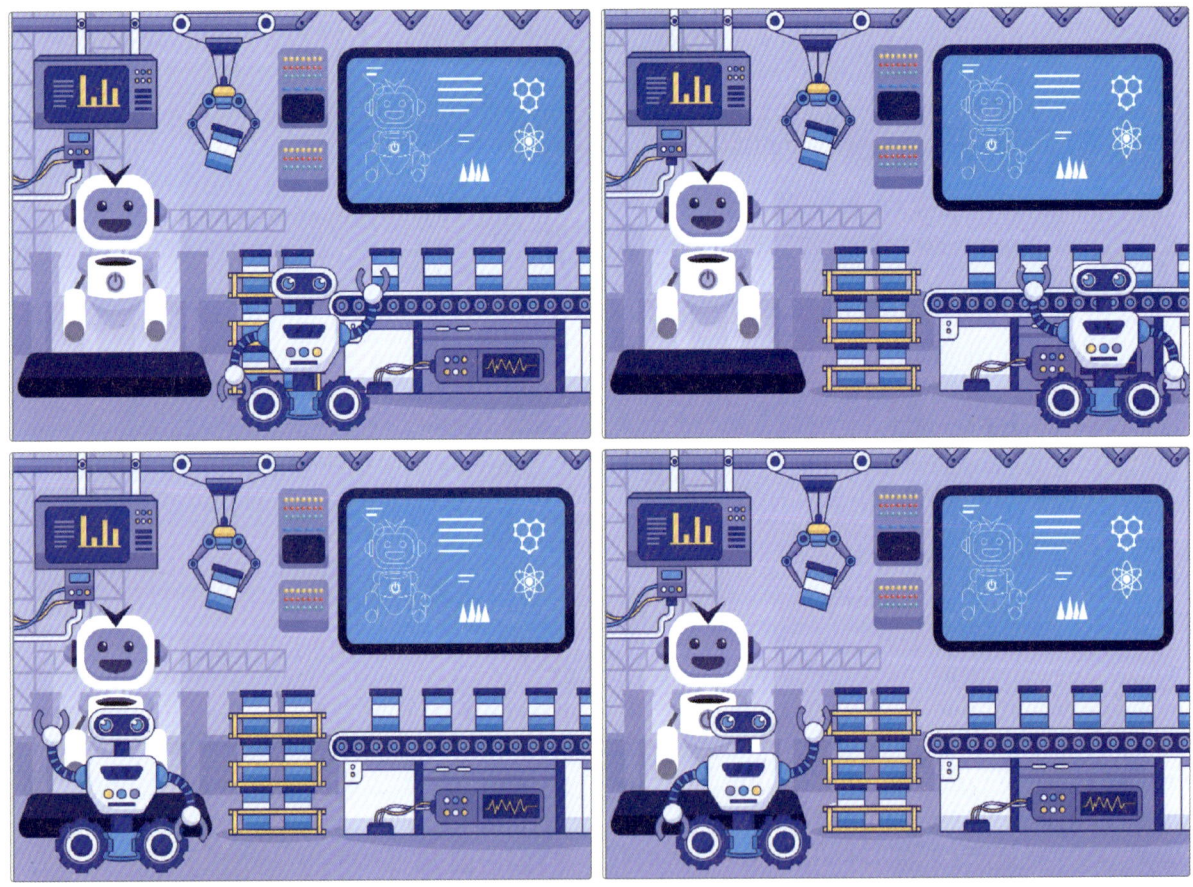

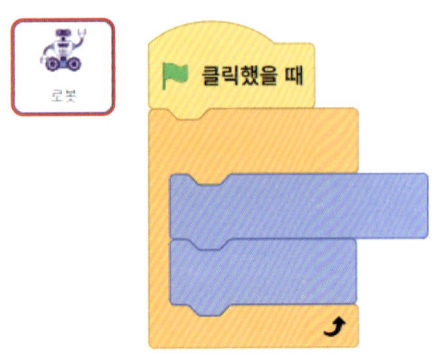

138 • 창의코딩놀이 **Lesson 3**

■ 불러올 파일 : 걷기.sb3   ■ 완성된 파일 : 걷기_완성.sb3

놀이 2 사람 스프라이트를 이용하여 사람이 걷는 동작의 무대를 완성해 보세요.

- 사람 스프라이트의 정보 : x위치(0), y위치(0), 크기(50), 방향(135)
- 시작하기 버튼을 클릭했을 때 무한 반복하여 다음 기능을 실행합니다.
  - 20만큼 움직이기
  - 0.1초 기다리기
  - 다음 모양으로 바꾸기
  - 벽에 닿으면 튕기기

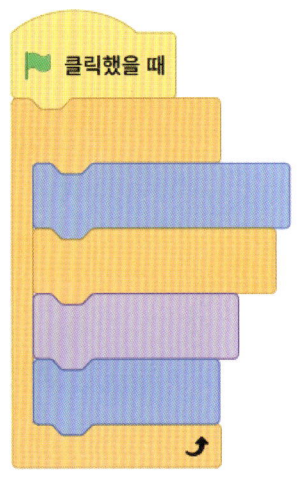

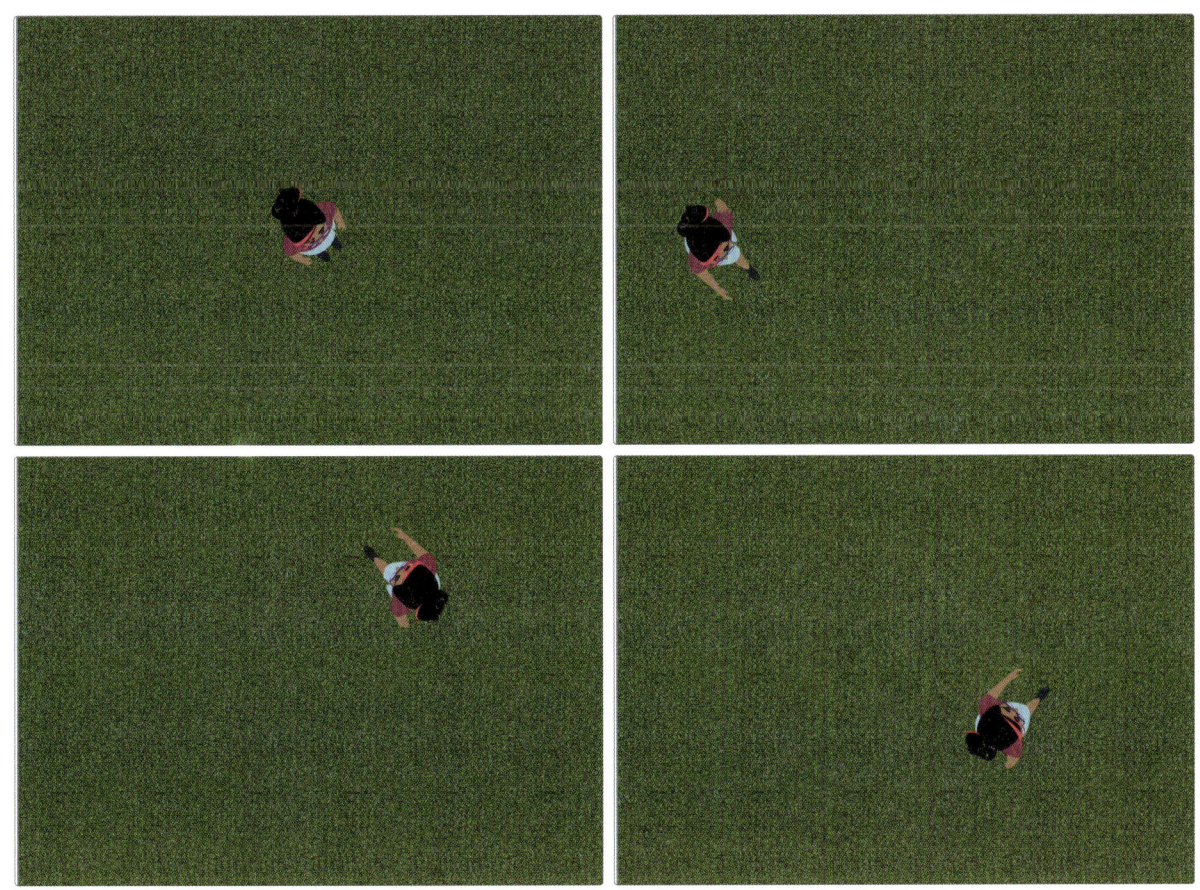

Chapter 23 종합 활동 문제 • 139

길 만들기 놀이

01 그림 처럼 두 흡혈귀가 각각 성과 달, 박쥐에게 이동할 수 있도록 길을 만들어 주세요.

모양 시각화 놀이

01 위에서 본 퍼즐을 옆으로 보았을 때 같은 모양의 입체 퍼즐은 무엇일까요?

Chapter 24 종합 활동 문제 • 141

■ 불러올 파일 : 돌고래.sb3   ■ 완성된 파일 : 돌고래_완성.sb3

 돌고래 스프라이트를 좌우로 움직이다가 특정키에 점프 동작을 하는 무대를 완성해 보세요.

- 시작하기 버튼을 클릭했을 때 다음 기능을 실행합니다.
  - 돌고래1 모양으로 바꾸고 무한 반복하여 3만큼 움직인 후 벽에 닿으면 튕기기

- 스페이스 키를 눌렀을 때 다음 기능을 실행합니다.
  - 돌고래2 모양으로 바꾸고 7번 반복하여 y좌표를 5만큼 바꾸기
  - 돌고래3 모양으로 바꾸고 7번 반복하여 y좌표를 −5만큼 바꾸기
  - 돌고래1 모양으로 바꾸기

 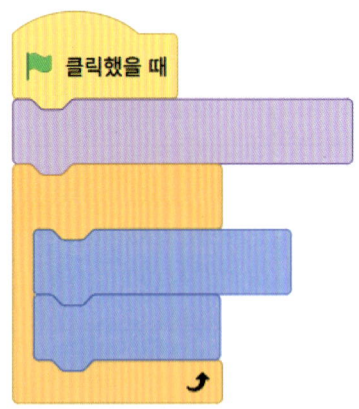 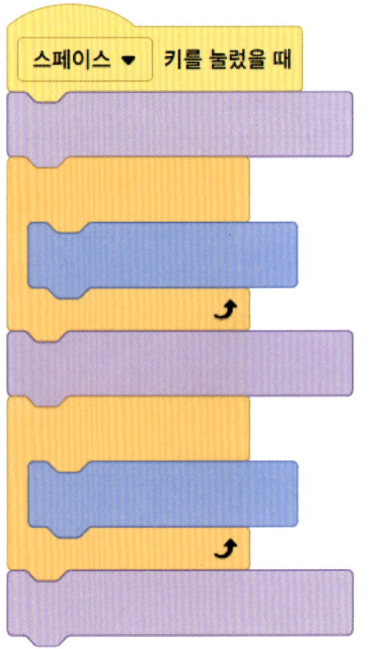

142 • 창의코딩놀이 **Lesson 3**

📁 불러올 파일 : 산책.sb3   📁 완성된 파일 : 산책_완성.sb3

놀이 2 강아지 스프라이트의 좌우로 움직일 때 해당 방향으로 움직이는 무대를 완성해 보세요.

- 왼쪽 화살표 키를 눌렀을 때 1번 반복하여 다음 기능을 실행합니다.
  - 모양을 걷기3으로 바꾸고 -10만큼 움직이기
  - 모양을 걷기4로 바꾸고 0.1초 기다린 후 모양을 걷기3으로 바꾸기
- 오른쪽 화살표 키를 눌렀을 때 1번 반복하여 다음 기능을 실행합니다.
  - 모양을 걷기1로 바꾸고 10만큼 움직이기
  - 모양을 걷기2로 바꾸고 0.1초 기다린 후 모양을 걷기1로 바꾸기

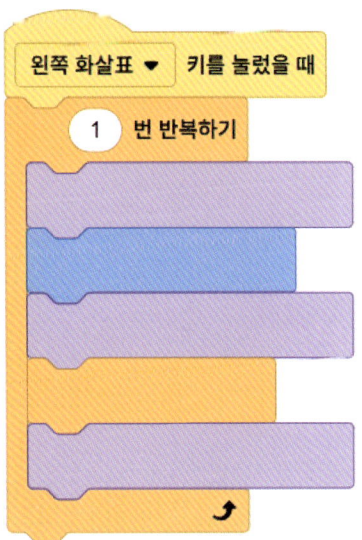
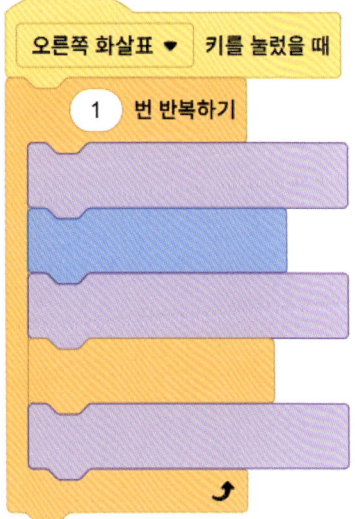